以口才塑造人才

新教育实验"培养卓越口才"的理论与实践

大夏书系·新教育实验文丛

新教育研究院 编著

华东师范大学出版社
·上海·

图书在版编目（CIP）数据

以口才塑造人才：新教育实验"培养卓越口才"的理论与实践 / 新教育研究院编著.
—上海：华东师范大学出版社，2024. — ISBN 978-7-5760-5410-1

I. H019

中国国家版本馆 CIP 数据核字第 202456US37 号

大夏书系 ｜ 新教育实验文丛

以口才塑造人才——新教育实验"培养卓越口才"的理论与实践

编　　著	新教育研究院
责任编辑	程晓云
责任校对	杨　坤
封面设计	奇文云海·设计顾问

出版发行	华东师范大学出版社
社　　址	上海市中山北路 3663 号　邮编　200062
网　　址	www.ecnupress.com.cn
电　　话	021-60821666　行政传真 021-62572105
客服电话	021-62865537
邮购电话	021-62869887
地　　址	上海市中山北路 3663 号华东师范大学校内先锋路口
网　　店	http://hdsdcbs.tmall.com/

印　刷　者	北京季蜂印刷有限公司
开　　本	700×1000　16 开
印　　张	15.5
字　　数	195 千字
版　　次	2024 年 11 月第一版
印　　次	2024 年 11 月第一次
印　　数	4 100
书　　号	ISBN 978-7-5760-5410-1
定　　价	62.00 元

出　版　人	王　焰

（如发现本版图书有印订质量问题，请寄回本社市场部调换或电话 021-62865537 联系）

目录
Contents

001　序　在岁月中见证信仰的力量

第一部分 >>>

新教育实验"培养卓越口才"的理论与实践

003　口语、口才与培养卓越口才
011　培养卓越口才的意义与价值
019　培养卓越口才的路径与策略
032　附：徐州宣言

第二部分 >>>

专业引领

037　在一日活动中绽放童"话"之花
041　言说，让生命拔节有声
045　言说，向着生命存在的探索
048　昂扬生命，亮出自我

- **052** 卓越口才，让雏鹰展翅翱翔
- **057** 培养卓越口才，涵育数学素养
- **062** 培养卓越口才，助力人人出彩
  ——基于"雅正"童心剧场的卓越口才行动探索
- **066** "满天星"大讲坛，学生生命成长的多彩舞台
- **071** 穿越说写课程，遇见更好的自己
- **075** 开设模拟法庭，培养卓越口才
- **078** 语言之所及，即世界之所抵
  ——温州翔宇果核 Talks 的模式与实践
- **082** 为学生提供高质量的口才教育

第三部分 >>>

区域叙事（上）

- **091** 以新教育实验推动徐州教育高质量发展
- **098** 卓越口才，让生命"蓓蕾"绽放
- **103** 生命中的那束光

108 用心蔓延家的味道

112 煎饼：家乡的味道

117 新艺术之光照亮乡村孩子梦想之路

121 闪光的泥土，闪耀的我们

125 守望那颗会发光的小星星

129 44年，专注搭建爱的鸟巢

133 重遇另一个美丽的自己

第四部分 >>>
区域叙事（下）

139 让每一个生命粲然绽放
——"新生命教育"的实践探索

145 学习新课标，赋能新课堂

150 每个人都在长成一棵树

157 帮助每一位孩子圆一个"口才梦"

166 热爱，才是最新驱动力

169	遇见，让每个生命都绽放
173	班班有戏，人人出彩
177	德育的力量：守望一朵仙人掌花
181	童蒙课程：让每一个成为"这一个"
185	葳蕤自生光
190	孩子，让我们以诗的方式抵达 ——我与儿童诗的故事
195	新教育，演绎"致善"之美
199	"读中学"课程：构建具身经验的文化场域
201	我和我的"不一班"
203	奔走在自己的热爱里
212	文明其精神，野蛮其体魄
215	时光不语，静待花开
218	用心用力用情，推动共育共响共鸣
223	我们班的"神仙"家长
227	后　记

序
在岁月中见证信仰的力量

20世纪80年代后期,"教育危机"成为世界教育的一个关键词。在中国,改革开放带来了教育事业的快速发展,但随之也产生了片面追求升学率、择校热等社会问题。1999年,中共中央、国务院发布了《关于深化教育改革全面推进素质教育的决定》,多种教育改革探索也应运而生、潮流涌动。无论是叶澜教授的新基础教育实验、杜郎口中学的课堂变革、北京十一学校的课程变革、清华附小的主题式学习,还是民间关于蒙台梭利、华德福等教学模式的探索,以及小规模学校、"教育自救"式在家学习方式的兴起,都为推动教育改革注入了充沛的活力。在这众多的改革探索中,新教育实验走出了一条独特的道路,也形成了一道独特的风景。

经过20多年艰辛探索,新教育实验已"由一个书斋的念想,变成了一个团队的行动"。20多年来,新教育人以堂吉诃德式的勇气,将苏南一隅的点点星火,欢愉地撒遍广袤的天南地北,以西西弗斯式的执着,将晨诵、午读、暮省的生活方式,柔软地植入未来的中国心灵。如今,"'生于毫末'的新教育实验虽然尚未成为'合抱之木',却已成为当今中国教育改革的一朵奇葩",成为当今中国规模最大的民间教育改革行动,现有196个县级实验区域、9000多所实验学校,890多万名师生参与。新教育实验已经成为当今中国改变区域教育生态,提升区域教育品质,推动教育普惠公平,促进教育高质量发展的有效路径之一。

经过 20 多年的蓬勃发展，新教育实验也已走出中国，走向世界，渐渐为国际社会所认知，国际影响力不断扩大。2014 年 4 月，新教育实验入围世界教育创新峰会 2014 年 WISE 教育项目奖 15 强。2022 年，新教育实验发起人朱永新教授也因新教育实验，获评"一丹教育发展奖"。这个奖记录着中国教育一线行动者的探索，获奖也是对中国教育改革开放成就的认可。如今，朱永新教授的多种教育著作已有 28 种语言、90 余个文本在世界 40 多个国家出版发行。新教育实验已经成为"世界语境"中的"新教育"在当代中国的一声"回响"，成为当今世界教育改革行动中比较典型的"中国故事""中国声音"。

新教育实验在启动之初，以课题研究的方式推进。2003 年 12 月，"新教育理论的实践及推广研究"课题成为全国教育科学"十五"规划重点课题。2008 年 12 月，"新教育实验与素质教育行动策略的研究"再次成为全国教育科学"十一五"规划重点课题。20 多年来，新教育实验先后申报、实施了教育部、中国教育学会、中国陶行知研究会的多项课题。随着研究的深入和规模的扩大，新教育实验渐渐超越了课题的范畴，探索出了既包括课题引领，又包括区域联动、机构协同、项目牵引、会议研讨等多维发力的推进范式。实验区域是新教育实验推进的主体力量。实验区域主要依靠行政的力量推动。行政力量的介入加快了新教育实验的发展。20 多年来，新教育实验涌现了山东日照、诸城，甘肃兰州、庆阳，江苏海门、新沂、徐州，山西绛县、临猗，河南焦作，江西定南，浙江杭州萧山，四川成都武侯，陕西汉中宁强、安康汉滨等许多典型的实验区域。20 多年来，新教育实验建立了苏州市新教育研究院、江苏昌明新教育基金会、中国陶行知研究会新教育分会、江苏省教育学会新教育研究专业委员会和苏州大学新教育研究院等机构，苏州市新教育研究院又设有办公室、研究中心、发展中心、培训中心，以及新阅读研究、新生命教育研究、新科学教育研究、新艺术教育研究、新德育研究、新家庭教育研究、新职业教育研究、新评价与考试研究、学校管理研究等项目研究团队。这些机构和团队各司其职，共同推动新教育实验的发展。营造书香校园、师生共写随笔等十几个项目都是新教育实验的具体抓手。如今，许多新教育实验区域、学校正通过"1+N"的思路，着力推进新教育项目深耕行动。20多年来，新教育实验一直借助重大会议营造声势，统一思想，交流经验，壮大规模，滚动发展。新教育会议包括工作会议与研讨会。研讨会又包括新教育年度研讨会（即新教育年会）、国际论坛、中美论坛、领读者大会、智慧校长论坛及区域性的新教育开放周等。其中，新教育年会是新教育最重要的会议。

新教育实验研讨会在新教育实验初期并没有形成一年一度的制度。2003年7月，新教育实验首届研讨会在江苏省昆山市玉峰实验学校召开。昆山市玉峰实验学校、常州武进湖塘桥中心小学、盐城市大丰区南阳小学等10所学校，成为第一批正式命名的新教育实验学校。

2003年12月，"新教育理论的实践及推广研究"课题成为全国教育科学"十五"规划重点课题。2004年4月，该课题开题会分别在江苏省张家港高级中学和常州武进湖塘桥中心小学举行。我们把这场开题会同时作为新教育实验第二届研讨会。这次研讨会上，联合国教科文组织国际联合会原副主席、中国教育学会常务副会长陶西平对初生的新教育实验寄予了深切期望,并预言"新教育实验将会成为中国教育的一条鲶鱼,搅动中国教育这缸水"。

2004年7月,新教育实验以"新教育、教育在线和教师成长"为主题在江苏省宝应县翔宇教育集团举行第三届研讨会。这次会议重点讨论了网络背景下教师成长的规律问题,当时,学术界对一线教师的成长生态相对关注不够,新教育实验团队较早意识到教师发展困境这一问题,并自觉地利用互联网帮助教师成长。

2005年7月,新教育实验第四届研讨会在四川成都盐道街中学外国语学校举行。会议的主题为"新德育",会上发布了《新公民读本》系列教材,新公民教育和新生命教育开始进入新教育实验的视野。在这个意义上说,新教育实验的课程建设,是从新德育起步的。

2005年12月,"北国之春——全国新教育实验与教师专业化成长研讨会"在吉林市第一实验小学召开。这次会议将新教育实验关于教师成长的理论和实践探索归纳整理为新教育实验的"三专模式"(即"专业阅读+专业写作+专业发展共同体",后来把"专业发展共同体"修正为"专业交往")。这次会议也是新教育实验第五届研讨会。

2006年7月,新教育实验第六届研讨会在清华大学举行,会议正式提出了新教育的核心理念——"过一种幸福完整的教育生活"。新教育人将这次北京会议视为新教育实验的"进京赶考"。核心理念的凝炼和专业化团队的建立,对于新教育实验是一件具有里程碑意义的事件。这六届研讨会都以新教育工作会议的形式呈现,主报告内容都是对以往新教育实验工作进行总结,对未来新教育实验发展作出展望和规划。

2007年7月，新教育实验以"共读、共写、共生活"为主题在山西运城举行了第七届研讨会，正式提出"晨诵·午读·暮省——新教育儿童生活方式""毛虫与蝴蝶——新教育儿童阶梯阅读"等项目。生命叙事，从此成为新教育实验一个重要的言说方式。而且这次研讨会突破了以往以总结展望作为会议主报告的模式，会议的主报告更加强调理论色彩，更加注重实验导向。此次研讨会以后，新教育实验每年定期举行学术年会，每年都会确定、围绕一个主题，组织专门研究团队，会同全国各参与实验的区域、学校及教师，在理论和实践两个层面同步推进研究工作，研究成果最终皆以年会主报告的形式进行发布，年会的承办方现场展示、叙事汇报，新教育研究院专业引领和主报告发布等基本模块成为定式。

2008年7月，新教育实验第八届研讨会在浙江温州苍南举行。这次会议在总结新教育实验构筑理想课堂"六维度"理论和实践方面的探索经验的基础上，提出了理想课堂的"三重境界"主张，以及"知识、生活与生命深刻共鸣"的核心观点。对课程与课堂的关注，使新教育实验更加深入学校和教师，也让新教育实验不断深耕一线，在教育实践中发挥更大的作用。

2009年7月，新教育实验以"书写教师的生命传奇"为主题，在江苏海门举行了第九届研讨会，依据生命叙事理论和"三专模式"，把职业认同和专业发展作为教师成长的双翼，完整地提出了新教育实验的教师成长理论，自觉地搭起教育理论与一线教师之间的桥梁。为中国的普通教师提供更多的学习资源与成长平台，逐步成为新教育实验的一项重要工作，也成为新教育实验的一大亮点。

2010年7月，新教育实验以"文化，为学校立魂"为主题，在河北石家庄桥西区举行了第十届研讨会。这次年会对新教育的学校文化，从使命、愿景、价值观到校风、学风、校训、学校建筑、学校仪式与庆典、学校故事等进行了比较全面的研究。研讨会的主报告为新教育学校文化建设提供了一个纲领性的文件。

2011年9月，新教育实验以"中国文化，中国思想"为主题，在内蒙古鄂尔多斯东胜区举行第十一届研讨会。会议提出了"以人弘道，活出中国文化的根本精神"的主张。为回答如何自觉地传承中华优秀传统文化，如何实现优秀传统文化进教材、进课堂、进校园等问题，新教育一直在进行积极的探索。陶西平先生再次预言：新教育实验在为中国教育探路的过程之中，必将涌现出一个最优秀的教师群体，一批最优秀的教育家。时任中国陶行知研究会会长的朱小蔓教授在会上指出，新教育实验倡导的"上天入地"的教育科研具有重要的推广价值，"新教育团队这十年来的探索是开拓性的、创造性的，他们已经贡献很多，还将会有更大的贡献"。

2012年7月，新教育实验以"缔造完美教室"为主题，在山东淄博临淄实验区举行第十二届研讨会。会议全面总结了新教育缔造完美教室行动的研究成果，指出缔造完美教室要将愿景、文化、课程等融合在一间教室里，师生汇聚在伟大事物的周围，"吻醒"故事和经典，编织诗意的生活，最终让教室里的每一个生命走向卓越。此前，2011年11月，江苏海门举行全国新教育实验海门开放周暨完美教室专题研讨会。海门8所小学、4所初中，近50个班级进行完美教室展示。朱永新教授亲临现场，两次登台讲话，他用"感动、感佩、感激"感谢海门新教育人为新教育实验作出的卓越贡献，用"课程、教室、生命"形象地阐述了教室之于师生成长的重要性，用

"良知、孩子、日子"高度概括缔造完美教室的行动策略。此后，每届新教育年会之前，江苏海门都围绕年会主题提前举办新教育开放周展示研讨活动，为年会进行预演。

2013年7月，以"研发卓越课程"为主题的新教育实验第十三届研讨会在浙江萧山举行。在这次会议上，新教育提出了课程体系框架，即在新生命教育的基础上，建构新智识教育（真）、新德育（善）、新艺术教育（美）和个性特色课程。至此，新教育实验的理论框架、十大行动项目体系和课程体系的初步架构基本形成。

2014年7月，以"新艺术教育"为主题的新教育实验第十四届研讨会在江苏省苏州市举行，会议提出了"艺术教育成人之美"的主张。新教育实验在经历了14年的发展后回到发源地——苏州。苏州年会拉开了新教育实验课程研发的帷幕。

2015年7月，以"新生命教育"为主题的新教育实验第十五届研讨会在四川成都金堂县举行，会议提出了"拓展生命的长宽高"的主张。来自全国的2000多名代表见证了新生命教育在灾区重建中的独特价值。这次会议上，我们提出了生命教育的基本理念与课程体系构架。此前，2015年3月，新教育研究院发出《关于组织2015年新生命教育叙事评选的通知》，到6月，共收到500多篇叙事，经过叙事评选和现场讲述两轮筛选，挑选了8名校长、教师在年会专业引领版块进行主题叙事。从此，每届年会专业引领版块的讲述人皆通过主题叙事征集、筛选的方式产生，呈现新教育实验区域、学校实践研究的最新成果。

2016年7月，新教育实验以"推进每月一事"为主题在山东诸城举行第十六届研讨会。会议全面总结了新教育推进每月一事行动的研究成果，提出了"习惯养成第二天性"的主张。

2017年7月，新教育实验以"家校合作共育"为主题在江苏南京市栖霞区举行第十七届研讨会。会议全面总结了新教育家校合作共育行动的研究成果，提出了"家校合作激活教育磁场"的主张。

2018年7月，新教育实验以"新科学教育"为主题在四川成都武侯实验区举行第十八届研讨会。会议全面总结了新科学教育行动的研究成果，提出了"科学之光照亮求真创新之路"的主张，指出了新科学教育以"做中学、读中悟、写中思"为实施路径。

2019年7月，以"新人文教育"为主题的全国新教育实验第十九届研讨会在江苏泰州姜堰举行。会议提出了"人文之火温暖幸福家园"的主张。

2020年前的十多年，新教育年会在每年7月的第二个双休日举办逐渐成为一种惯例。2020年，由于疫情的影响，延至10月，以"新时代，新德育"为主题的全国新教育实验第二十届研讨会终于在江苏盐城大丰区举办。全国各地500多名代表现场参会，超过120万的新教育人通过新教育App、CCtalk、爱奇艺、腾讯等直播平台观看了会议。从此以后，新教育年会开启了线下现场呈现、线上同步直播的模式。

2021年，新教育实验第二十一届研讨会由兰州市教育局承办，主题为"营造书香校园"。因疫情影响，会议延至10月举行，又因会期前一周兰州突发疫情，虽然兰州市教育局和各现场展示学校都已作好充分准备，但还是取消了现场呈现，会议所有议程均改为线上直播。全国各地40多万新教育人以集中收看或分散观看的方式参与。会议发布了主报告《阅读搭建精神的天梯》。

2022年7月，2022新教育实验研讨会在四川省旺苍县举行，主题为"新教育写作：师生共写随笔"。四川省内新教育实验代表及特邀嘉宾等500多人现场参会，其他省、市、自治区50多万新教育人线上参会。会议发布了主报告《写作创造美好生活——新教育实验"师生共写随笔"的理论与实践》。三年疫情，给举办新教育年会带来巨大挑战，但新教育人智慧应对，年会会期有延迟、形式有改变、规模有变化，但新教育研究推进的节奏不乱，新教育实验发展的势头不减，新教育人以行动印证了"只有坚持才有奇迹"的信念。

2023年7月，2023新教育实验研讨会在江苏徐州召开，主题为"培养卓越口才"。全国各地1300余名新教育人现场参会，35万人次在线观看会议实况。会议发布了主报告《以口才塑造人才——新教育实验"培养卓越口才"的理论与实践》。

新教育实验是一锅"石头汤"。这锅"石头汤"，20多年来由数以百万计的新教育人共同熬制。一年一度的新教育年会是全体新教育人共同的庆典，是新教育人前行途中一次又一次的再聚首、实验进程的再梳理、理论探索的再反思……新教育年会已经成为新教育实验最重要的研讨平台，成为推动新教育实验发展的机制性力量之一。

"相信种子，相信岁月。"20多年来，新教育人心心念念的是改变教师的行走方式，改变学生的生存状态，帮助师生过一种幸福完整的教育生活，为中国素质教育探路，做中国教育的建设者。这也是新教育人共同的信仰！20多年来，新教育人坚守信仰，以新教育课程、项目为主题，以新教育年会为研讨平台，持续深耕，不断地丰富着自己的学术积淀，初步建构起涵盖德、智、体、美、劳诸育的理论和课程体系,为实现五育并举、落实立德树人根本任务提供了一条可资借鉴的路径。一年又一年,23年历程,23届年会,新教育人在岁月中见证了信仰的力量。

一年一度的新教育实验研讨会,最重要的特征是学术性和引领性。每年年会的主题,都是围绕中国教育的关键问题,按照重要性和紧迫性两个维度,精心思考、反复讨论和研究后确定的。每年年会最重要的理论成果就是年度主报告。主报告的研制团队由新教育的研究机构、苏州大学的研究人员以及相关专家组成,朱永新教授亲自主持了每年年会的主报告研制工作。从主题的确定、初稿的撰写到组织团队研讨和最后定稿,每一个环节他都亲自把关。每一年的年会的主报告都有文字版和口语版,都由朱永新教授参与撰写和定稿,并亲自在年会演讲。2023年后,改由新教育研究院的领导宣读主报告口语版,同时发表作为理论研究成果的主报告文字版。

每一年研讨会的实践成果通过两条途径呈现:一是新教育研究院专业引领版块的主题叙事。在新教育年会之前,新教育研究院都向新教育各实验区域、学校发出围绕年会主题的生命叙事征集通知,从参选叙事作者中遴选年会专业引领版块讲述人,呈现新教育实验区域、学校实践研究的最新成果。二是承办方的现场展示。承办方现场展示又通过环境展示、课堂课程活动展示、生命叙事以及报刊、书籍、光盘等会务材料四种形式呈现所在区域、学校新教育实验,尤其是围绕年会主题田野探索的最新成果。可以说,新教育年会承载着展示新教育学术成果、交流新教育学术观点、探索新教育学术创新、促进新教育学术繁荣的重要责任。

20多年来,新教育人像犟龟一样坚守信仰,像花婆婆一样一路播种，如今新教育实验已是枝繁叶茂、花开满径。23年历程，23届年会，新教育学术积淀日见其增，硕果累累。为了记录新教育人筚路蓝缕的探索过程，记录新教育人关于教育诸多问题的思考与实践，也为了给更多的教育同仁走进新教育提供借鉴和参考，我们组织编写了这套"新教育年度主报告系列丛书"，作为大夏书系新教育系列的一个专题陆续推出。

期待这套丛书能够物化新教育实验学术探索成果，讲好中国教育故事，传播中国教育文化，建设现代化教育强国，促进中国教育学术繁荣，为向世界教育发展贡献中国智慧作出积极的贡献。

新教育研究院

2024年2月8日

第一部分 新教育实验"培养卓越口才"的理论与实践

* 本部分作者为朱永新教授

在这个人人都有麦克风、人人都是自媒体的时代，人人都可以是信息的生产者，人人也都是话语的传播者。掌握语言、学会言说已经成为一个人表达自我、融入社会的基本技能。如何言说好、表达好、传播好更是这个时代亟待面对和解决的问题。与此同时，在当今这个大融合、大协作的时代，人际交往越来越多元化，也对人的社会交际和口头表达能力提出了越来越高的要求。因此，培养卓越口才已经成为时代发展的迫切需要。

20多年前，新教育实验启动之初，我们就开启了培养卓越口才的实践探索。回首20多年的历程，站在新的历史起点上，我们有必要深入反思新教育实验"培养卓越口才"行动的理论研究和实践探索，谋划这一行动再出发的新思路、新举措，探寻成就幸福人生的"说话之道"，推动新教育实验持续向前发展。

口语、口才与培养卓越口才

一、口语的特点与历史

  口才的基础是口语。理解口才，必须从理解口语入手。口语，即日常口头交谈时使用的语言。口语是根据特定的交往环境，运用语言并辅之以副语言、态势语等手段，实现说与听双向沟通交流的一种语言实践形式。

  相对于书面语，口语具有下列显著的特点。

  有声性。美国学者沃尔特·翁在《口语文化与书面文化》一书中指出：语言具有口语属性或有声属性，并提醒人们，凡有人生存的地方就有口语。口语的表达、传播和沟通效果在很大程度上取决于声音这一刺激物通过听觉神经在人的大脑中留下的印象。口语发出声波的大小强弱、高低长短、轻重缓急、抑扬顿挫、疏密快慢等，都会直接影响口头表达效果的优劣。

  优先性。从发生学的角度来看，口头语言先于文字语言。现代语言学之父索绪尔早就提醒人们注意口语的首要地位，并提醒人们要克服把文字当作语言基本形态的顽固偏向。人类早期使用口语作为表达、传播和沟通的媒介，口语也是记录和复制人类原始文化经验的初始符号。口语是儿童最先学习和应用的语言符号。口语的优先性提示我们，培养儿童的语言素养必须从口语而不是文字入手，并且贯穿其语言发展的始终。

情境性。口语的表达、传播和沟通在实际情境中发生，以面对面的方式进行。在口语情境中，"说"和"听"不可分离、交替进行、相互应答、动态统一。说话者"说"出来的"话"受时间、空间、背景、演说者和听众之间的关系等因素的制约。这就要求人说话时要考虑听众、问题的场景、传达的信息、目的及体裁等因素，还要与说话者的目光、表情、手势、空间距离、衣着体态等"非言语"行为相结合，并协调心之所想、眼之所观、口之所言、耳之所闻、情之所感、体之所动等多种感官活动。所以，口语不像书面语那样结构严谨，其更具有可变性和灵活性。

研究表明，口语在3.5万年前的旧石器时代晚期就出现了，口语的产生对人类的起源与发展产生了极其深刻的影响。尽管在不同的历史时期，口语的社会功能和受重视程度有所不同，但它始终是人类历史发展的一根纽带。

人类口语的发展大致可分为三个阶段。

第一阶段：口耳相传的"原生态口语时代"。原生态口语是人类传播发展史上的第一座里程碑。在这个阶段，文字还没有出现，人们用口语进行交流，注重交流中的互动、情态和情境共鸣等，能够灵活地使用语言的形态、词汇和常用表达，想象力得到了极大的丰富。但它的局限性也很明显：语音的发送要靠人体的发音器官，只能在很近的距离内传递和交流；语音符号转瞬即逝，记录性不强，口语信息的保存和积累只能依赖人的记忆力；存在语音、语义上的交叉重叠，容易产生歧义、误解。

第二阶段：文言并举的"次生态口语时代"。文字是人类传播发展史上的第二座里程碑。文字和印刷术的出现，打破了早期口语在时间和空间上的限制，加速了人类利用体外媒介系统的进程，促进了人类文明的发展。口语在书面语言的影响下，保持了自身生动、活泼的特点，并得到相应的发展。在书面语不断走向繁荣的过程中，口语从未停止过发展的步伐。尤其是进入近现代文明社会，由于公共空间日益扩展，民众参与度空前高涨，口语表达与传播在生活各个层面得到全面普及。口语与书面语互相补充、互相渗透，形成了新的"文言并举""文白互用"的风景。

第三阶段：虚实相生的"新生态口语时代"。进入电子化和数字化移动新媒体时代，人类说话的声音也能像文字那样打破时空限制，被有效地记录、留存，同时又更加广泛、高效、快捷地传播，并以情境烘托、角色体验、现场感受等展示文字传播所没有的口语风格，口语文化的重要性更加空前地凸显。这种以电子网络为媒介，采用虚拟、仿真的方式开展的微信聊天、网络跟帖，以及"面对面"视频通话等，以更加口语化的方式进入情境化、大众化、个性化、原创化、艺术化、多元化、平等化、去中心化的公共对话领域，形成了"新生态口语时代"。

二、口才的内涵

所谓"口才"，顾名思义，就是口头表达或说话的才能。有学者据此将"口才"更具体地界定为在口语交际过程中，表达主体运用准确、得体、生动、巧妙、有效的口语表达策略，达到特定交际目的，取得满意交际效果的口语表达艺术和技巧。但这样的界定并不足以揭示口才的全部内涵，因为"口才"的"才"不仅涉及说话的"才能"，也涉及说话的"才识""才情""才思""才智""才艺""才气"等多种心理因素，是通过口头表达、传播和沟通表现出来的一种综合素养。

口才与口语是密切联系的。口才以口语为基础，都是一种面对面的交流、沟通与传播活动，具有有声性、优先性和情境性的特点。但口才又是口语的更高表现。一个懂得说话的人，未必是一个具有口才的人。口才比一般的口语对个人能力具有更高、更多的要求。作为一种社会交往的重要素养，口才离不开知觉、观察、记忆、思维、想象等心理要素的影响，气质、性格、能力等个性心理特征决定着口才的个性风貌，兴趣、需要、理念、价值观等制约着口才活动的方向和社会价值。不仅如此，口才还受到社会准则、文化习俗的制约。用我国社会语言学家陈原的观点来说，人的语言活动的最佳效能，必须符合社会准则、思维习惯、语言习惯和心理状态等社会因素。

因此，我们可以尝试将口才界定为：它是一种以一般口语能力为基础的特殊社会能力，是在特定社会交往环境中受一定社会准则和文化语境制约所表现出来的一种融汇认知、情感、意志等心理因素和个性心理特征的更高的语言综合素养。与一般的口语能力相比，口才更具有内容的吸引力、情感的感染力、思想的影响力和语言的表现力。

三、培养卓越口才的提出与理想目标

作为新教育十大行动之一的"培养卓越口才"，最早的表述是"熟练应用双语"。2002年3月，在申报全国教育科学规划课题的申请书《新教育实验的理论及推广研究》中，我们曾经将"熟练应用双语"界定为"开展中英文听说活动，培养学生讲一口流利的英文与中文，培养学生具备终身受益的口头表达能力"。

考虑到当时农村不少小学没有开设外语课的实际情况，随着实验的推进，我们又把"熟练应用双语"改成"双语口才训练"。2006年7月，在北京举行的新教育实验第六届研讨会上，我们进一步把"双语口才训练"改为"培养卓越口才"。

新教育实验之所以要提出"培养卓越口才"行动，一方面，是因为我们的文化传统崇尚"敏于行而讷于言"，我们的教育实践客观上也不鼓励孩子说话，不鼓励孩子主动表达自己的观点和意见；另一方面，我们在研究中发现，口才对于教师与学生的发展非常重要。愿意讲话、敢于讲话、能清晰地表达思想，是有强烈自信心的表现，愿意沟通、善于沟通、勇于表达，是现代社会人际交往不可或缺的基本功。这就是所谓的"社会智能"，也是现代社会对人的素养的基本要求。

培养卓越口才，主要是指通过讲故事、演讲、辩论等形式，鼓励孩子愿说、敢说、会说，进而增强其自信心、沟通能力和表达能力。卓越口才是一项核心素养，是人适应终身发展和社会发展的关键能力。培养卓越口才，意在夯实一般口语能力基础的前提下，调动和整合身心的多种要素，不断自我超越，努力追求和达成以下几个方面的理想目标。

（一）从容不迫的说话自信

很多人讲话的逻辑性和知识性没有问题，但是经常临战胆怯，心理紧张，导致语无伦次，甚至哑口无言。由于口才多是面对面的口语直接表达，所以说话者的自信显得特别重要。自信心是在一定的社会交往关系中对自己的认知、能力、价值等积极而理性的肯定、确认与评价。自信心一旦形成，就会成为一种稳定的人格特征，对人的语言表达产生积极的作用。在语言表达活动中，人际关系中的他人评价对自信心的形成非常重要，他人的态度对塑造所谓"镜中自我"会产生重大影响。当然，自信心最直接的决定因素是人的自我评价和自我确认。所以，没有自信，就没有口才。胸有成竹，才能有从容不迫的说话自信。

（二）应对裕如的说话能力

卓越口才是一种高效的表达与沟通能力。所谓"高效"，是实现和谐沟通的高质量、最优化表达。它要求在各种不同的对话情境中全面调动多种心理器官，运用言语和非言语的手段，准确无误、恰当得体、自由流畅、对答如流地传递信息，表达观点，抒发情感，做到言之有物、言之动情、言之达意、言之成理，产生强大的说服力和感召力。不仅如此，还要根据时代变迁、媒介变革对口才表现提出的新要求，具备全球化时代的跨文化语言沟通技能，并能借助新型信息技术手段，进行互联网时代和大众话语时代更加个性化、平等化、艺术化的公共对话，展现"新生态口语文化"的绰约丰姿。

（三）用心倾听的说话姿态

卓越口才充分体现平等的对话立场。它不只是单向度的"言说"，还包括对对话者言说的"倾听"。"倾听"是建立在同理心和深度理解的基础上的。在卓越口才的构成要素中，同理心与自信心同样重要，而且相辅相成。同理心是"设身处地"地感知、理解、体察沟通对象的一种人格特质和社会能力。有了同理心，就能尊重对话者的人格、价值观及社会文化背景，调整沟通行为，从对方立场上思考和处理问题。深度理解是对沟通对象传递的信息进行正确理解、反思和评价，进而及时调整自己应答行为的能力。深度理解的前提是深度倾听。因此，说话的艺术在很大程度上取决于听话的艺术。善于倾听的人，才能够激起对方表达与沟通的兴趣，深入了解对方的思想与意图，在对话时真正地说到位、说清楚、说流畅。从这个意义上看，倾听比言说更重要。滔滔不绝固然能体现卓越的口才，但洗耳恭听、用心倾听同样是卓越口才不可或缺的能力和品质。

（四）言而有信的说话道德

言而有信，就是我们常说的"口德"。古人一直倡导"修辞立其诚"，强调语言表达的道德准则。孔子曾严厉批评"巧言令色"的人,并提出了"谨而信""言而有信"的说话行事原则。我们认为,"诚"作为修辞伦理,同时也作为一种见证人格的道德底线、道德责任、道德操守和道德担当,表现的是讲话时要具有诚实、诚信、诚恳、诚敬、诚恕、诚挚等价值立场与情感姿态,如一诺千金的诚信、仗义执言的耿直、捐弃前嫌的宽宏、耻言人过的温良、谨言慎行的谦恭等,而不要大言炎炎、小言詹詹、巧舌如簧、言而无信、巧言令色,甚至出言不逊、恶语伤人。

(五) 内涵深刻的说话智慧

说话与写作的背后都是思考,要想说得精彩,就必须思考得精彩。也就是说,卓越口才中的"说"很重要,但是"说"后面的思维更重要。说话过程中思维敏捷、逻辑自洽,可以帮助说话者快速应对,出口成章,自圆其说,产生强大的说服力。否则,很容易陷入理屈词穷、哑口无言的尴尬境地。智慧的最高体现是比一般思维更深邃的思想。思想能否言传,如何言传,需要斟酌。卓越口才传递思想,不仅要言意相符,更要追求言简意赅、言高旨远的境界。卓越口才的思想智慧,蕴含、贯穿在深层次的"对话"中。它不是一般意义上的聊天、商谈、辩论,而是指向真理探究的语言行为,是在彼此发表真知灼见的过程中,让真理脱颖而出,实现思想的共鸣、共享、共生和共赢。

(六) 文质彬彬的说话艺术

卓越口才所指的说话艺术,不是泛泛而论的说话技巧,而是在审美高度上追求文采之美。孔子说:"言而无文,行而不远。"强调的是说话要有文采,才能流传久远。他又说:"文质彬彬,然后君子。"强调的是言谈举止既要有外在的文采与辞藻,又不失其内在的质朴和纯真,二者和谐统一,就算得上谦谦君子了。一般来说,口语表达比较大众化、平民化，句子短小，结构简单，也不乏俚语、俗谚、方言等的应用。当然，为了有效交往，说话时应该避免低俗粗野、信口雌黄、味同嚼蜡的表达，尤其是在比较正式的交往场合，如讲述故事、发表演说、商谈事务、辩论是非、表演戏剧等，口语表达就更加应该讲究修辞艺术，努力以文质兼美的语言和悦耳动听的故事，阐释理性科学的观点，表达合情合理的诉求，讴歌波澜壮阔的生活。

培养卓越口才的意义与价值

自语言产生开始，人类就深知语言的巨大力量。古埃及的一位法老曾经谆谆告诫准备继承王位的儿子："舌头是把利剑，演讲比打仗更有威力。"我国古代的文学评论家刘勰也认为："一人之辩，重于九鼎之宝；三寸之舌，强于百万之师。"从2000多年前的古希腊时代起，就有人从事口才的专门研究并付诸实践。在人类历史上，从古希腊智术师的雄辩滔滔到我国春秋战国时期的百家争鸣，从丘吉尔的《我们永不投降》到马丁·路德·金的《我有一个梦想》，人类的每一个时期、每一个领域几乎都离不开口才，其强烈的吸引力、启发力、感染力、号召力都是文明社会所不可或缺的。

卓越口才不仅是伟大人物成就伟业所必需，也是一个人一生最需要的东西之一。无论从事什么职业，善于表达和沟通的人，总会有更多的机会。教师，是以"舌耕"为业的，自然应该有语言表达的能力；领导，是以鼓励、激励为重要工作内容的，自然应该是演讲的高手；企业家，要营销自己的产品，自然应该"巧舌如簧"；演员，要感动观众，不仅讲话要抑扬顿挫，甚至要调动肢体语言。即使是普通人，在日常生活中，这种表达与沟通的能力也是不可或缺的。可以说，从个体到大众，培养卓越口才的意义越来越重要。

一、培养卓越口才可以提高个人的核心素养

2023年5月25日,英国国家教育研究基金会发布了项目"技能势在必行2035"的报告《2035劳动力市场技能需求分析》,通过文献综述、调查研究和技能预测,得出了2035年劳动力市场需要的六大就业技能,其中排在第一位的就是表达与沟通技能。该基金会认为,与领导、同事和下属沟通将是2035年最需要的技能。卓越口才能够提高个人的核心素养主要体现在以下几个方面。

(一)培养卓越口才促进身心健康

语言交流,是避免陷入人生无意义和孤独的必由之路。在现代社会,压抑、孤独、焦虑、冷漠等现象与日俱增,心理疾病、精神崩溃严重威胁着居住在地球上的人们。人们一直致力于寻找各种各样的治疗方式,对话、叙事越来越受重视。目前流行的新西兰治疗师迈克尔·怀特和大卫·艾普斯顿开发的"叙事疗法",就与口语有很大的关系。这种被称为"后现代主义"的心理治疗,重视社会文化、意义诠释和语言叙说,恪守尊重、不责备和治疗师只做辅助角色的原则。在叙事治疗中,通过讲述和倾听故事,治疗师营造尊重的氛围,运用适当的方法,帮助当事人整合自己的叙述,促使问题"外化",帮助当事人与他的问题拉开距离,进而"解构"故事,唤起当事人进行改变的内在力量。一旦当事人能够和问题故事剥离,就会再度取得生命的主动权,重新获得自我的优势资源,排除焦虑、依恋、注意力缺陷、抑郁症、饮食失调、过度悲伤、创伤后应激障碍等疾病的致病因素,回归正常的心理状态。

（二）培养卓越口才健全个体人格

中国的传统观念推崇"讷于言而敏于行""三缄其口""三思而后行"，认为"言多必失""祸从口出"，对"能说会道"的评价则往往含有贬义。这种传统观念严重影响了学生健全人格的发育。有研究表明，口语与智力发展具有特别密切的关系。学生的沟通能力与学业成就紧密相关，有沟通焦虑的学生往往学习成绩一般，更容易辍学。加拿大传播学家英尼斯认为，拥有良好的口语表达能力更有利于创造性思维的发展。大量事实表明，思与言是互为表里的：思维精致，有助于说话精彩；说话流畅，同样有助于思维敏捷。此外，卓越口才本身蕴含了语言伦理、君子之德的诉求，既能让人在人际交往中不断提高自身的水平，又能让人在人际交往中濡染、凝练"说得好，必须做得好"的社会人格、君子品格。当然，卓越口才还超越了单纯表达能力的阈限，内含对语言艺术的追求，可以融合更广泛的艺术元素，培育人的审美素养，凝聚审美气质，张扬审美个性。总之，卓越口才对于健全完美人格、创造幸福生活具有重要而持续的价值。

（三）培养卓越口才成就职业生涯

在脱贫攻坚的过程中，不会说普通话与语言能力弱被认为是导致贫困的主要因素之一。美国的一项调查发现，职业经理人往往把有效的表达与倾听列为使应届毕业生在激烈的职场中脱颖而出的最重要的两项能力，它们比技术能力、工作经验和获得特定学位更为重要。美国21世纪学习联盟开展的一项调查显示，口头沟通能力、团队合作能力和专业态度是最被职场经理人看重的人才特质。托尼·瓦格纳在其所著的《教育大未来》一书中把"有效的口头与书面沟通能力"看作21世纪职场新世界的七个关键能力之一。这都有力地说明了人的沟通能力在当代和未来社会生活中的重要性。目前，我国中小学虽然逐渐重视对学生口语素养和沟通素养的培养，但由于多种原因，特别是应试教育的干扰，在实践中还远远没有落到实处，所以中小学生的口语表达能力、沟通能力普遍明显不足，必须引起我们的高度重视。

二、培养卓越口才可以推动社会的和谐进步

自古以来，口语一直是人类最基本、最常用、最灵活的信息传播媒介。不管什么形态的媒介占据主流，口语与口才都在发挥它巨大的社会作用。口语与口才不仅是构成社会系统的要素，也是促进社会进步的动力。尤其是在当今社会，超越一般意义的聊天、谈话、辩论等，以自由、平等对话为内核的卓越口才，已成为社会和谐、进步的润滑剂。

（一）培养卓越口才有利于家庭和睦

家庭是社会的细胞。家庭成员除了在特定场合用书面语沟通外，更多的是用口语交流，口语对构建家庭内特定人际关系的作用不言而喻。口语交流对在亲子关系基础上进一步建立不同的教养关系影响很大。"好言好语三分暖"，彼此尊重，心平气和，相互倾听，和声细语，有利于促进家庭和睦，相反，则导致家庭关系紧张。

（二）培养卓越口才有利于人际交往

研究表明，人与人之间的矛盾绝大部分是缘于沟通不畅。良性的人际交往对于社会的和谐发展具有牵一发而动全身的作用。在日常人际交往中产生的口头交流无处不在。由于现代社会的公共空间是陌生人相处的地方，随着社会交往领域和公共空间的不断扩大，

口头交流、口才表现就像传感器那样牵动着人们的敏感神经，基于尊重的礼貌语言（致歉、谦让等）、协商对话的能力，对于促进人际沟通、建立友谊关系至关重要。气势汹汹的争吵、恶言恶语的谩骂、居高临下的训斥等，都会产生不良后果。口才传播的手段越适切、越丰富，人际交流就越活跃、越顺畅、越和谐。

（三）培养卓越口才有利于组织发展

人们越来越相信，组织运行的目标能否实现，取决于组织沟通是否通畅，而语言沟通在组织沟通中扮演着重要的角色。一般而言，平等、民主、更注重心理相容的人际关系的组织，更有利于集体共识的达成、工作效率的提高、员工人格的发展和组织本身的壮大，有助于形成集体共识和共同理念。

（四）培养卓越口才有利于推进社会文明

公共生活源远流长，它是古希腊城邦民主政治体制的产物。公共生活催生了当时特殊的口头表达——演说与辩论。日本政治家犬养毅认为：学校、报纸和演说是"传播文明的三大利器"。政治家的演说能否说服民众，直接影响政治决策效果的优劣。受民主政治制度的影响，当时公民大会的立法、司法、诉讼与审判等，也都是通过口头表达，如面对面的讨论、辩论来进行的。随着人类社会的进步，公共空间日益扩大，公共交往日益频繁，无论是社会秩序的建立，公共决策的形成，民主政治的繁荣，还是法治社会的发展，都更加离不开口才充当"鼓号手"的卓越表现。

（五）培养卓越口才有利于国家进步

《论语·子路》中鲁定公和孔子"一言兴邦""一言丧邦"的对话启示我们，如果说的话正确而没有人违抗，自然很好；但如果说的话不正确而没有人违抗，就有可能使国家灭亡。他们的那番话在当时是从统治者治理国家的角度说的，强调为政者要有强烈的忧患意识和自省意识，知道自己说话的分量，谨言慎行，有知难敬事、去骄纳谏之心，听取众议。当今社会，不仅国家领导人的政策宣讲、观点阐明等对鼓舞民众、振奋人心具有十分重要的作用，而且公民也有参与国家事务的权利，可以公开表达自己的心声。这意味着人人都有机会畅所欲言，抒发己见，通过合理的表达与对话，参与到民族、国家的振兴与进步进程中来。

（六）培养卓越口才有利于世界和平

习近平总书记在党的二十大报告中提出，要加快构建中国话语和中国叙事体系，讲好中国故事，传播好中国声音，展现可信、可爱、可敬的中国形象。美国总统罗斯福曾经说："口才，是最强大的武器，因为它可以改变世界。"人类同住一个地球村，但国家与国家、民族与民族之间却充满了纷争与对峙，有时甚至到了势不两立、剑拔弩张的境地，对全球的稳定和繁荣构成严重威胁，战争与和平仍是当今人类面临的生死存亡的严峻课题。如何消弭误解、化解冲突、遏制战争？我们认为，对话是不二选择。在尊重国家主权、利益、文化、制度等基础上，通过对话，努力从外部的口语表达进入深层的心灵默契，搁置己见，加强接触，减少争执，促进分享，增加共识，发展友谊，完善秩序，化解潜在冲突与矛盾，才能最终改变人类生态，"构建人类命运共同体，实现共享共赢"。

三、培养卓越口才可以助力教育的幸福完整

学校教育正处在一个大变革的前夜。学校教育变革应该向何处

深入推进？我们认为，在朝"新生态口语时代"不断迈进的过程中，对话是培养卓越口才的灵魂，也是教育变革的重要方向。

（一）培养卓越口才完善教育生态

随着对话课程、对话德育、对话课堂在新教育学校的全面兴起，师生卓越口才在教育情境中的全面展现，学生会有更多的话语权，这将在很大程度上改变应试教育给学校带来的压迫、闭锁、单维状态，而让教育回归人性，解放师生，让师生在对话人际、对话文本、对话自然、对话现实、对话历史、对话自我的情境与过程中，激活人的生命潜能，濡染人的公民德性，启迪人的多元智慧，绽放人的个性创造。

（二）培养卓越口才优化师生关系

师生关系是学校最基本和最重要的社会关系，在很大程度上影响着学校教育的发展水平。在传统的以赫尔巴特为代表的教师中心论、以杜威为代表的学生中心论，以及其他模棱两可、似是而非的师生关系语境里，理想的师生关系并没有真正建立起来。在自由、平等的对话语境里，不再是教师"说"、学生"听"的单向传播，师生也不再是一种单纯的认知视域里的主客体关系的叠加，而是一种合乎人性地建立起来的互为主体、动态平衡、彼此生成的对话共同体。这样的共同体，有助于建立民主、平等的新型师生关系，促进师生的共同发展。

（三）培养卓越口才改进学校管理

学校管理本质上是人本性、建设性的，尤其是对话性的。所以，应当在学校组织内部的行政关系、组织关系、学术关系、人际关系中注入对话的元素，这样才能克服传统学校管理存在的"高组织低关心""低组织低关心"等管理弊端。与此同时，也应当在学校与家庭、社会的互动中注入对话的机制，如真情相融的沟通机制、无私仁爱的服务机制、文化濡染的引导机制、高效共管的协同机制，在充满尊重、包容、体谅、悦纳的氛围中，促进家庭、学校和社会的和谐共生。

培养卓越口才的路径与策略

新教育主张把培养卓越口才作为教育的新型战略和系统工程，全面深入研究国内外口语教育、口才教育，以新教育卓越口才行动的先进理念、科学成果和优秀经验，大力提升口才在人才培育中的地位，整体推进培养卓越口才的教育实践，科学总结培养卓越口才的目标体系、实施模式、评价策略等。

一、把培养卓越口才融入各科教学

放弃课堂主阵地，脱离学科教学，一味地在课堂之外开展各种口才培养活动，实施各类拓展性口才培训课程，这是一种加法思维，势必会加重师生负担，让师生厌倦，从而失去持久的生命力。培养卓越口才，与营造书香校园、师生共写随笔、推进每月一事等新教育实验项目一样，都要以课堂为主阵地，融入学科教学，常态化推进。

（一）语文学科教学应该重视培养卓越口才

语文学科在学生卓越口才的培养过程中承担着首要责任，但是口语和口才教育恰恰是语文教育的短板。叶圣陶先生指出，语文就是语言，"语"指口头语言，"文"指书面语言。学语文就是学口头语言和书面语言，以提高学生的口语交际能力和书面表达能力。

培养卓越口才不仅是由语文学科的性质所决定的，也是语文课程标准明确规定的。《义务教育语文课程标准（2022年版）》提出，学生口才培养的总目标是"学会倾听与表达，初步学会用口头语言文明地进行人际沟通和社会交往"，并分四个学段对口才培养的目标进行具体描述。这是培养卓越口才最基本的依据。

语言能力是一种实践能力，要通过听、说、读、写的语言实践来掌握和提高。语文教学的基本任务是引导学生在听说读写的语言实践中学习语言，发展语言能力。每一篇语文课文都提出了朗读的要求，重点课文还提出了复述、背诵的要求。运用普通话正确、流利地朗读，是提高说的能力的基础。在日常语文教学过程中，教师要进行拼音、识字、阅读、作文等各种内容的教学，要使用朗读、复述、提问、质疑、评议、小组合作等各种学习方式，师生、生生多向互动。随着"听""说"口语实践的大量发生，教师要及时点拨、精准指导。在孩子进入小学伊始，教师就要从读拼音、读音节，到组词、口头造句，不断规范孩子的口语表达，使之逐步养成说完整话的好习惯。

统编语文教材中，都安排了口语交际的内容，并提出了具体的口语交际要求。口语交际课是一种口语实践课，是专设的卓越口才培养课。推进卓越口才行动，要特别重视把口语交际课上足、上好。好的口语交际课程具有五个主要特点：一是主题鲜明，要围绕一定的话题展开；二是情境性强，要尽可能创设生活性、现场感强的情境，让学生触景生情，想说、愿说；三是互动性强，言说者与聆听者要有互动，角色也可以互换；四是参与性强，口语交际不能成为少数人的表演，应该是全体成员有效参与；五是发展性好，能够有效促进学生口头表达能力和人际交往能力的发展。每一节口语交际课都要发挥学生的自主性，加强教师的指导作用。比如，如何言说，如何聆听，如何互动等，做到课课清、人人清，每一课、每一个学生都达成学习目标。这样，学生口语交际能力的发展是可以乐观地预见的。

中小学语文课本中，还有一类课文呈现的是人物的卓越口才，如《晏子使楚》《烛之武退秦师》《触龙说赵太后》等。这类课文的教学中，教师要引导学生通过品读语言，分析人物的言语表达技巧，领会卓越口才的魅力，认识到卓越口才的意义与价值。

（二）培养卓越口才要融入所有学科的教学之中

有人认为，培养卓越口才与阅读和写作一样，只是语文教师或语言类学科（语文、外语学科）教师的事，与其他学科教师无关。这是一种偏狭的观点。

课堂教学最主要的信息媒介是语言，教学的艺术首先是语言的艺术。苏霍姆林斯基说："不仅语文教师，而且其他任何一门学科的教师，都应当首先精通语文。"他认为："备课和对教材的教学论加工，——这首先是教师的逻辑思维和语言修养的统一。"的确如此，所有学科教师都应该是学生言语表达的示范者和训练者，所有学科的教学都担负着培养学生语言表达能力的责任，所有学科学习都是培养卓越口才的有效渠道。

近几年，开封贞元学校进行了全学科"读写讲"行动探索，将学生口才培养融入课程，贯穿从幼儿园到高中的全部学段、全部学科。语文学科，用经典来培植孩子的文化之基，提升孩子的精神境界，引导孩子思考和言说人之为人的价值和意义。数理学科，用论文演讲的方式，引导孩子探究未知领域，梳理和分享探究历程。人文学科，用大问题引导孩子层层深入，理解人与环境（自然、社会）的关系。艺体学科，也同样用写作演讲的方式，引导孩子思考和言说学科本质与自身生命的关系。贞元学校已连续两年承办新教育实验研讨活动，展示了学校的探索成果。

语言能力教育研究专家朱迪思·朗格在其著作《想象知识：在各学科内培养语言能力》中说："我们需要审视并理解自己与他人的观点，去质疑并探索掩盖在表象下的深层意义。每门学科的教师都是该领域的专家，应该引导、示范为学生提供机会去尝试和进入适用于该学科的思维路径。教师能够为学生创造机会，去使用学科适用的语言与思维方法，以帮助他们完善国际理解、获取知识。"《义务教育数学课程标准（2022年版）》提出，学生要做到"会用数学的眼光观察现实世界，会用数学的思维思考现实世界，会用数学的语言表达现实世界"。数学课本也对数学语言表达提出了明确的要求。比如，小学五年级下册数学课本"整理与复习""自我评价"部分指出，请学生回顾自己本学期学习的表现，给出能得几个"★"。随后，列出了四条要求，其中第三条是"有条理地表达思考过程，乐于与同学交流"。语言是思维的工具、思想的载体，学科语言的习得意味着学科思维的掌握和学科思想的形成，而学科思维和学科思想正是超越学科基本知识和基本技能的核心素养。因此，在各学科的教学中，尤其重要的是学科语言的习得与运用。

如山西临猗示范小学东城分校的陈卫华老师在教学小学数学平行四边形面积公式时，让学生通过剪和拼，把平行四边形转化为长方形，再观察原平行四边形的底和高与拼成的长方形的底和高的关系，得出平行四边形的面积公式，最后用一段完整的话表述这个操作、思考的过程。在教师的引导下，学生清晰地呈现了操作和思维的流程，体现了转化的数学思想。这种数学学科语言的习得与运用，无疑有助于学生形成符合社会发展要求和促进终身发展的关键能力。

非语言学科课本中也常常设计口语表达型的作业。如八年级下册生物学课本"留住碧水蓝天"的内容，就要求学生"调查某个区域环境治理或保护的成果"，调查后"整理记录，完成活动总结报告；向全班学生介绍小组的调查成果"。又如，九年级上册物理课本"简单机械和功"中的"综合性学习"，请学生"设计、制作一个机械模型"，完成后"各组展示工作成果，交流所制作的机械模型的特点、存在问题和需要改进的地方"。对于这类作业，科任教师应该高度重视，以此为抓手，促进学生口头表达能力的提高。

新科学教育的实施路径为"做中学、读中悟、写中思"。"说写一体"是新教育的学习方式，写了还要说，说了也要写。这类作业实际上是"写中思"的拓展。学生完成了调查研究、操作实验之后写出工作报告，还要以"说"的方式展示分享，相互交流，共同提高。

二、在日常生活中积极拓展口语实践

口才是一种实践能力，实践能力只有在实践中才能形成。培养卓越口才如果只囿于课堂，显然是不够的，需要向校园、家庭、社会拓展，融汇于学生的日常生活之中。

（一）校园口语实践

融入学科教学的常态化口语实践指向普及，旨在提高每一个学生的口头表达能力。在此基础上，许多新教育实验学校组建了朗诵、演讲、主持人、播音、辩论、戏剧等语言类社团。语言类社团是培养卓越口才的创新探索，满足了学生卓越口才培养的多元化需求。

兴趣是最好的老师。许多新教育学校语言类社团通过组织观看国际大型辩论赛，阅读古今中外著名演讲家、雄辩家的事迹，以及观看有演讲、辩论情节的电影、电视、戏剧等手段，激发学生锻炼口才的兴趣。

为培养具有出类拔萃口才的学生，语言类社团普遍加强了社团辅导训练的专业性。如甘肃省庆阳市东方红小学组建了金话筒播音与主持社团，通过专业、系统的训练，帮助学生学会正确地吐字发音，学习语调、语速、节奏、强弱等口语表达技巧，提高朗诵、主持、演讲、表演的能力，做到当众讲话仪态大方、语言流利、声音响亮。

许多新教育学校搭建了丰富多彩的口语实践平台，如课前三分钟演讲、学生讲坛、红领巾广播、校园电视台、故事大王比赛、主持人大赛、诗词大会、朗诵比赛、辩论赛、演讲比赛、戏剧表演、学生干部竞选演说等。许多孩子还成了学校庆典日、星期一"国旗下讲话"的主讲人，成了引导来宾参观校园的小导游。口语实践活动让孩子们站在了校园的正中央。如江苏省南通市海门区东洲小学从2015年举办"满天星"大讲坛第一讲开始，到2023年已走过8年，先后有148个孩子参加了138场主题演讲。如今，"满天星"大讲坛已经成了东洲小学孩子们固定的文化菜单，培养了一批又一批具有卓越口才的优秀学生。

（二）家庭口语实践

教育从家庭开始，卓越口才培养也应该从家庭开始。家庭是儿童口语学习的开启之所，也是儿童口才培养的开始之所。父母首先应该成为卓越口才的示范者，其次才是孩子卓越口才的第一培养者。这里的"培养"，不是课堂教学式的训练，而是家庭日常亲子陪伴中自然而然的对话交流。如孩子上下学路上的亲子交流、餐桌上的亲子对话等日常的亲子沟通，家人生日庆祝时的真诚祝福、孩子获得荣誉时的成长故事分享、孩子遭遇心理困惑时的倾诉等特定时刻的亲子对话，客人来访时的热情迎接、走访客人时的礼貌问候等主客互访的礼仪，购物、乘车、问路、维权交涉等社会生活的历练，以及暮省反思、讲故事、辩论、新闻热点的交流等专设的家庭口语实践行动，都是培养卓越口才最自然、最亲切、最温馨、最有效的途径。事实证明，有心的父母一定能从日常生活中发现层出不穷的与孩子对话的话题和契机，在亲子对话中引导孩子贴切、真实、生动地表达，发展孩子的口头表达能力。这样的亲子对话，是一种深度陪伴，也能够帮助父母真正走进孩子的心灵，触摸孩子情绪起伏、思想波动的脉搏，与孩子一起成长。

（三）社会口语实践

陶行知先生说："生活即教育，社会即学校。"新教育主张开放式办学，倡导师生走出校门，走向社会，聆听窗外声音，关注社会发展。为此，新教育学校创造了丰富多样的社会口语实践形式。如推广普通话、文明城市创建、科普宣传、植树绿化宣传等宣传活动，"我当小记者"，走访劳模先进、领导专家、企事业单位等采访活动，游览风景名胜、考察企业社区、调查热点社会现象等考察活动，志愿者服务、雏鹰假日小队服务等服务活动，特殊时间节点对英模、老师、弱势群体等的慰问活动，以及各类联欢活动、庆祝活动等。

例如，江苏省新沂市新华小学组织孩子走进大自然，言说花开的声音；走进窑湾古镇，讲述家乡的文化；走进红色基地，播报历史的钟声……社会大课堂成了孩子们锻炼口才的重要平台。

再如，江苏省南通市海门区东洲国际学校雏鹰班的孩子们，在节假日，走进农贸市场，体验地摊文化；走进社区，开展垃圾分类调研；走进工厂、家庭、商场，实地调研疫情对生产生活的影响……孩子们在售卖商品、调查访问中，既锻炼了口才，又增长了见识。

三、研发丰富多彩、各具特色的卓越口才培养课程

20多年来,新教育研发、实践了很多培养卓越口才的课程,主要有以下五种。

(一)晨诵课程

新教育晨诵课程始于2000年研发的《中华经典诵读》和《英文名篇诵读》,以"让生命歌唱"为宗旨,结合当下情境精心选择、诵读诗歌,通过经典丰富儿童当下的生命,通过音乐增强对诵读内容的领悟和体验,通过诵读倡导一种回归朴素的儿童生活方式,师生共同创造幸福、明亮的精神状态。晨诵课程摒弃知识化的传授方式,注意吻合儿童身心发展的需求,吻合诗歌学习的特点,吻合生活情境的变化,吻合学校的学习节律,让学生通过朗读领悟蕴含积极力量的语言文字,让师生的生命在应和经典中歌唱,讴歌属于自我的灵魂。新教育晨诵课程让诵读产生了强烈的仪式感,弥漫着浓郁的艺术气息,让儿童以诵读的形式过一种诗意的生活。

(二)听读绘说课程

2006年,新教育实验启动了"读写绘"项目,后来经过改良又升级为"听读绘说"项目,形成了专门为3至6岁儿童及小学低年级学生研发的综合课程。它将阅读、情感、思维、表达整合为一体,是视觉语言、口头语言、书面语言三者的结合,并把儿歌、童谣、故事、童话、绘本带入儿童的生活,通过儿童擅长的绘画语言和口头语言的倾诉和表达,培养孩子的语言能力和逻辑思维能力,让低龄段儿童的学习力与创造力得到自由发展。"听"是孩子专注聆听父母或老师根据画面叙述的故事,初步理解内容,也可以回答相关问

题。这种亲子或师生共读,既是对孩子集中注意力能力的训练,也是对孩子聆听能力的特别关注。"读"是孩子在听过之后进一步阅读,主动思考,深入故事情境,是提升孩子阅读能力的训练。"绘"是孩子把听过的故事用图像复述,或接龙,或同主题创作,或以涂鸦的方式画出来,增强孩子想象力的训练。"说"是以涂鸦的作品为提纲,孩子用口头语言或者书面语言进行丰富而完整的阐述,提高表达力的训练。这种整合了图画、语言、文字,令孩子喜闻乐见的课程,打开了儿童阅读的另一扇窗,能够充分展现儿童丰富而又神秘的心灵世界。

(三)生命叙事剧课程

生命叙事就是讲述生命故事。生命叙事剧是新教育实验的一大特色,也是培养卓越口才的主要途径之一。它是指讲述儿童故事,适应儿童情趣,凸显排演和观看时的生命体验的戏剧,主要包括童话剧、课本剧、书本剧和情景剧四种。生命叙事剧能让孩子经历别样的人生,丰盈生命的体验;感受艺术的创造,提升生命的品位;发现更好的自我,激发生命的潜能。生命叙事剧是一种综合性的艺术形式。孩子们在参与生命叙事剧排演的过程中,通过准确、流畅、声情并茂的语言艺术表现人物形象,呈现剧情演变,能够锤炼口才,增强自信。

例如,江苏省徐州市太行路小学基于"雅正"童心剧场的卓越口才行动探索,改变了一届又一届孩子的精气神,充分彰显了生命叙事剧的魅力。学校把戏剧融入生活,孩子们人人参与卓越口才行动;依托"雅正"童心剧场,班班呈现精彩演出;组建小百花戏剧社团,成就孩子卓越口才。学校的"雅正童心剧场育人行动"还被立项为江苏省品格提升工程项目。

（四）说写课程

2010年，新教育实验开始探索说写课程。说写，是以书面语言进行有逻辑体系的口头表达。说写介于说与写之间，它的形式是说话，本质是写作。说写的方法首先是提出有逻辑、成体系的问题，然后根据这些问题进行思考，写出每个问题的关键词或者绘出自己思考的思维导图，最后以此为基础用书面语言说出自己思考的内容。说写一般分为敢说、能说、会说、精说四个阶段，由易到难，逐步提升，帮助学生实现从说到写、以说为写的跨越。

例如，江西省定南实验学校在本次年会上作了一个比较典型的说写课程案例分享。他们采取"贴近生活，解决有话可'说'；模块训练，保证有时间'说'；方法指导，实现高质量'说'"三个操作策略，取得了较好的成效。

（五）模拟课程

在2020年的年会上，新教育实验对模拟课程进行了初步探索，提出模拟课程是通过模拟法庭、模拟政协、模拟联合国等公共事务活动，培养学生公共关怀和社会参与意识，提高学生沟通协调和组织领导能力的项目式课程。学生在课程实践过程中大胆言说，积极辩论，有效地锤炼口才。这次年会上，大丰新教育实验区介绍了他们实施模拟课程的探索，很值得借鉴和进一步实践。

为推动卓越口才行动在更多区域和学校实现项目化运作，新教育"培养卓越口才"团队研制了《好口才是练出来的——新教育"培养卓越口才"操作手册》，已于本次年会前正式出版。这本操作手册由中国陶行知研究会新教育分会领衔编写，知名语文特级教师祝禧担任主编。操作手册分小学低段、中段、高段三个分册，把询问、请教、讲述、说理、讨论、辩论、演讲、表演等口语形式，按照学生身心发展特点，结合适宜的内容，进行整体设计，并分解融入各个年级。每个主题包括主题阐释、训练目标、评价级别、训练流程四项内容，训练流程分为基本训练、训练活动、课后拓展三个板块，具有专业性、系统性和操作性。相信这本操作手册的出版，将为广大新教育学校推进卓越口才培养工作提供一个可以依托、借鉴的范本，助力培养卓越口才行动的深耕。

四、创新培养卓越口才的评价方式

针对培养卓越口才活动评价难操作、易淡化的实际，许多新教育实验学校进行了有益的探索。

例如，江苏省泰州市姜堰区实验小学形成了"快乐游考"的学科考评方式。四年级语文"快乐游考"分"阅读乐园"和"口才王国"两个部分。"阅读乐园"分为朗读吧和诵读坊，检测学生课文朗读、规定课文和必背古诗词的背诵情况。"口才王国"分为书友会和故事城，分别进行读书交流和故事演讲，要求用不超过 3 分钟的时间介绍自己本学期读的一本书，并和老师进行 2 分钟的交流或回答老师的相关问题。学生要从《民间故事园》（上）、《水浒传》或自己读到的课外故事中选一个故事，提前一个星期自主准备，现场讲故事，每人不超过 5 分钟。每逢"快乐游考"，各班学生轮流到各模块考点排队，老师和学生代表担任主考，全体学生兴致勃勃，仿佛过节一般。

再如，浙江省东阳市外国语小学从 2013 年起开展了基于大数据的小学生核心素养发展综合评价实践，将梳理出的"五个习惯、六大能力、三种品格"作为学生成长的关键点，并根据学生发展的关键期，把培养要点各有侧重地分解落实到六个年级十二个学期。具体操作包括：融入生活、即行即评的日常争章，创设情境、动态展示的期中过关，以及覆盖全学科的期末评估。其中，在卓越口才评价方面，"日常争章"包括了口才章、畅言章、分享章、夸奖章、聆听章。口才章争章要求是讲故事有声有色、诵读抑扬顿挫、演讲观点清晰。畅言章争章要求是乐于发言、富有条理。分享章争章要求是每天分享一事。夸奖章争章要求是每天夸人一回。聆听章争章要求是眼看对方、神情专注。这样，学生口才的评价就被纳入了学校综合评价体系，基于大数据平台和技术，通过真实全面的数据采集、精准科学的数据分析、专业有效的个性评价，促进学生发展。这个评价改革项目也成为浙江省评价改革的典范。

五、加强培养卓越口才的系统设计、整体运作

新教育培养卓越口才20多年的探索，虽然成效明显，但总的来说，还处于点上突破的状态。新教育培养卓越口才行动要迈入更高的境界，必须系统设计、整体运作，要从普及和提高两个层面明确学生口才培养的目标，对全体学生口才培养的底线目标、优秀学生卓越口才培养达到的高度，都要有清晰的、可检测的目标表述。同时，要对卓越口才培养的内容和任务进行分解，作出任务落实的序时安排，校长、各学科教师、后勤及学生父母全员参与，学校生活、家庭生活、社会生活全面渗透。

例如，江苏省常州市第一中学在系统设计、整体推动培养卓越口才行动上进行了富有成效的探索。2013年开始，学校研发、实施了"一流口才"培养课程，将散落于各个学科的口才培养课程进行整合，解决口才训练课时不足的问题，又将口才训练科学地融入相关课堂和每个月的主题活动中，将日常生活中口才训练的无序状态变为科学、有序的状态。他们把口才训练分为"日常生活中的口语交际活动""组织中的口语交往活动"和"书面语的有声表达"三

大类，并且将这三类口语交往内容确定化、序列化，循序渐进地在高一、高二年级的语文课堂和系列口语实践中进行有效训练，通过真实情境和真实任务将学生被动接受口语交往学习转变为主动学习与探究。各类评选和丰富的主题教育活动都同口语实践相结合。他们以多种评价方式，在口语实践活动之前、之中、之后进行引导和激励，促进学生一流口才的养成。"之前"制作可操作的、具有指导性的评价量表，将理论知识化为可操作的行为准则，让学生参照这个量表进行口语实践，进而根据这个量表进行评价。"之中"采用多元主体共同参与的评价制度，在教师评价和生生互评部分主要采用激励性语言。"之后"在期中、期末评优评先中增加"一流口才"的"能言善辩奖""金话筒奖"等奖励项目。这样的课程体系贯穿三个年级，贯穿每个年级的各个时段，使得卓越口才培养在校园中就像空气一样，时刻被学生呼吸着，时刻被学生需要着，时刻为学生的终身发展服务。

近几年来，为回应、聚焦2023年年会的研究主题，许多新教育实验学校纷纷系统设计、整体推进卓越口才行动的探索。如江苏省徐州市志正小学从2022年开始探索"口才育人"体验式成长范式。学校以卓越口才行动为聚焦点，汇聚从学生到老师，从班主任到各学科老师，从学校到家庭、社会的力量，将培养卓越口才融入各学科教学和学校内外各项主题活动之中，形成了全员参与、全方位育人的良好局面。

附：徐州宣言

今天，新教育人走进素有"五省通衢"之誉的国家历史文化名城江苏徐州，聚焦培养卓越口才行动，探寻成就幸福人生的"说话之道"，深度研讨，凝聚共识，推动新教育实验向纵深发展。

我们认为，培养卓越口才行动尊重一个普遍而基本的事实：口语具有无可争议的优先性，它是人类表达、传播和沟通的最早媒介，也是儿童最先学习和应用的语言符号。口语文化以其不可替代的有声性、情境性等特点，与书面文化交相辉映，贯穿人类和个体发展的始终，确证人性的全面生成。

在经历了口耳相传的原生态口语时代、口语与文字并举的次生态口语时代之后，我们又迎来了一个亘古未有的新生态口语时代。在这个人人都有麦克风、人人都是自媒体的时代，口语的重要性更加空前地凸显了出来。伴随人们的交往空间的日益扩大，交往方式的日益增多，沟通与合作素养越来越被认为是当今实现幸福生活、发展健全社会、促进终身学习必备的核心素养，而口头表达与交流作为沟通与合作最基础的素养，更应受到优先关注。新教育倡导"培养卓越口才"，可谓正当其时。它顺应时代对人的口才素质的紧迫需要，赋予口才更丰富的内涵，提出了更具发展性、时代性、前瞻性的理想愿景！

我们期待，培养卓越口才不只是形成一般意义上的口语表达才能，而是要在口才培养过程中，融汇认知、情感、意志等心理因素和个性心理特征，将口语表达的才能与才识、才艺、才情、才思、才智、才气等有机融合，形成更高的语言综合素养，不仅用"嘴"说话与表达，而且用"心"交流与沟通，表现出从容不迫的说话自信、应对裕如的说话能力、用心倾听的说话姿态、言而有信的说话道德、内涵深刻的说话智慧和文质彬彬的说话艺术，运用准确、得体、生动、巧妙、有效的口语表达策略，构建和谐的人际关系与语言生活，在人类与个体生活的各个领域实现无障碍沟通。

我们深信，在当今之世，培养卓越口才越来越具有普遍的意义和价值。培养卓越口才是铺筑个人、社会和教育的"生存之道""变革之道"和"发展之道"。对个人而言，卓越口才可以提高个人的核心素养，有效促进身心健康，健全个体人格，成就职业生涯；对社会而言，卓越口才可以推动社会的和谐进步，使之成为家庭和睦的润滑剂、人际交往的传感器、组织发展的黏合剂、社会文明的鼓号手、国家进步的试金石、世界和平的助推器；对教育而言，卓越口才可以助力教育的幸福完整，完善教育生态，优化师生关系，改进学校管理，全面构建更加合乎人性的教育共同体，促进学生、教师和学校的和谐共生。

我们主张，应当把培养卓越口才作为教育的新型战略和系统工程，全面深入地研究国内外的口语教育、口才教育，以新教育卓越口才行动的先进理念和优秀成果，大力提升口才在人才培育中的地位，科学探索培养卓越口才的目标体系、实施模式、评价策略等。整体推进培养卓越口才的教育实践，要立足课堂主阵地，以语文学科教学改革为突破口，通过听、说、读、写的语言实践培养学生的口才。与此同时，把培养卓越口才融入各科教学，所有学科学习都是培养卓越口才的有效渠道，所有学科的教学都担负着培养学生语言表达能力的责任，所有学科教师都应该是学生言语表达的示范者和训练者。但培养卓越口才不应囿于课堂和学科，需要向校园、家庭、社会拓展，弥漫于人们的日常生活之中。新教育众多学校与教师对于培养卓越口才的有益探索，得风气之先，具有十分深远的引领作用。

如果说阅读是为我们搭建精神的天梯，写作是为我们创造美好的生活，那么，培养卓越口才就可以说是为我们探寻成就幸福人生的"说话之道"。这一探寻已经迈出可喜的步伐，但仍然任重道远。让我们以此次年会为契机，进一步深化培养卓越口才的创造性探索，以培养卓越口才推进塑造卓越人才的伟大教育事业，塑造愿说敢说、能说会道、善于沟通、受人尊敬的一代新人，让卓越口才发出编织美丽梦想、讴歌幸福人生的"金玉之声"！

第二部分

专业引领

在一日活动中绽放童"话"之花

四川省成都市第十幼儿园　陈雨欣

幼儿期是语言发展特别是口语发展的关键时期，幼儿的语言发展贯穿各个领域并相互影响。幼儿的语言表达能力是在交往和运用的过程中发展起来的。一日生活皆教育，为此，我们在幼儿园一日生活中探索并创设幼儿能积极参与表达的语言环境，让幼儿向"卓越口才"迈进，绽放他们的童"话"之花。

一、播下童"话"的种子：温馨自由的晨间活动

一日之计在于晨，晨间活动是幼儿一日生活的开端，是师幼、同伴间开启一天交流的美好时机。我们积极挖掘晨间谈话活动的价值，播下幼儿在园的第一颗童"话"种子。

晨间谈话活动的主题设置贴近幼儿生活，由幼儿决定，如"我喜欢的玩具""我今天的心情""我观察到的植物生长变化"等。对于自己喜欢、熟悉的话题，小朋友们总能愉快地分享。谈话的地点可以固定在班级的小小谈话角，具有一定的私密性，也可以几个小伙伴围坐，大家叽叽喳喳，你一言我一语。谈话的形式可以因人而异，对于外向大方的幼儿，可以安排其向同伴分享自己的所见所闻；对于内向、不爱说话的小朋友，可以鼓励其利用爱心小卡片的形式，在入园时积极地与同伴和老师打招呼。

温馨、自由的谈话氛围，不仅可以让幼儿自由分享、交谈，还可以在互动氛围中拉近同伴、师幼间的情感距离。

二、生发童"话"的绿芽：食欲满满的报餐活动

小班，鼓励幼儿根据餐食说一说菜的颜色、形状、名字；中班，尝试让幼儿介绍自己喜爱的菜品；大班，让幼儿说一说菜的好处和营养。

"大家好，我是今天的小小报餐员付付。今天的汤是用银耳、西米、冰糖和莲子做的，我给它取名'超级好喝汤'，它就是银耳莲子汤。"这是一名中班幼儿的报餐分享。幼儿不仅能讲出餐点所用食材，还能联系相关生活经验。在这样的锻炼下，幼儿逐渐对报餐信手拈来，报餐过程中还有意外收获——部分幼儿甚至改掉了挑食的毛病。报餐活动让幼儿食欲满满，激发了幼儿的语言潜力。

活动后的评价环节也非常重要，评价本身也是培养幼儿卓越口才的途径。为此，我园开展了幼儿自评、互评活动。教师帮助幼儿拍照记录，幼儿结合照片展开讲述，让分享的内容更具条理性，更加完整丰富。我们还引入了智能机器人"i宝"记录幼儿的游戏瞬间，为幼儿互评提供话题。幼儿在处处生成的分享活动中表达，不仅收获了同伴的认可，收获了友谊，也收获了信心与快乐。

三、孕育童"话"的花苞：内涵丰富的区域活动

区域活动在幼儿一日活动中占比较大，能给予幼儿更多畅所欲言的机会。那么，如何利用好区域活动呢？

着重丰富"语言区"内涵。我们依据《3—6岁儿童学习与发展指南》语言领域的核心概念，将语言区进行细化，设置了阅读区、

自制图书区、故事盒子区,让幼儿在自主选择中获得满足。

"阅读区"为幼儿提供安静、明亮的环境,尽量减少干扰,幼儿能够在这里看自己喜欢的图书。这既促进了幼儿的自主阅读,又培养了他们的阅读习惯,还积累了语言表达的素材,积累叙事性讲述的核心经验。"故事盒子区"定期选取幼儿感兴趣的故事绘本,并将其制作成故事盒子,鼓励幼儿操作故事盒子,用故事表演的方式表达自己对图书和故事的理解,丰富说明性讲述经验。"自制图书区"鼓励幼儿自编故事,并为自编的故事配上图画,制成图画书,引导幼儿发挥文学想象力及语言创造力。

重视"角色游戏区"的目标指向。角色性游戏区最重要的指向就是幼儿间的沟通交往。在角色游戏区,幼儿扮演各种各样的角色,并以此为出发点,进行相应的表达。结合班级幼儿生活经验,我们创设了花店、火锅店、娃娃家、手工坊四个区域。在此类游戏中,幼儿通过协商自主分配角色,并结合生活经验进行表达。例如,在"火锅店"游戏中,幼儿设计出"快来吃火锅,身上暖和和"的吆喝口令来招揽"客人"。在这样的交往过程中,幼儿的语言表达能力得到了更好的发展。

四、绽放童"话"的花朵:精彩迸发的家园活动

专题分享——"小木马"云游记活动。"小木马"云游记活动是我园的特色活动,教师通过开发家长资源,为幼儿创设更好的语言展示平台。我们邀请家长为幼儿制作外出游记PPT,幼儿先在家试讲,再在幼儿园正式演讲。这既增长了幼儿的见识,又培养了其乐于分享、敢于表达的能力。

绘本分享——图书漂流活动。我园开展家园互动图书漂流活动,教师精心挑选符合幼儿年龄特点的经典绘本推送给家长,倡导亲子

共读，同时也请家长推荐幼儿在家喜欢的绘本，在每周五的班级分享活动中，鼓励幼儿使用投影仪、手偶等进行分享。这样的活动让每一名幼儿都有机会在集体面前分享表达，孩子们越来越敢说，越来越愿意说。

  一日生活皆课程。我们充分发挥师幼、同伴以及家园的作用，实现多维度、多角色的网状互动交流，让幼儿每时每刻都能在宽松、愉悦的氛围中交流、表达，他们语言表达的小种子也在悄然成长。在这样的过程中，我们感受着幼儿的成长变化，体验着幼儿"卓越口才"的生命力，收获着幼儿语言表达的活力与魅力。

言说，让生命拔节有声

江苏省新沂市新华小学　王洪娟

2018年3月，我校开始了卓越口才行动的探索。我们以课堂为阵地，以阅读为根基，以平台为依托，以活动为载体，持续推进，取得了一定的经验，收获了成长的幸福。

一、对话课堂，延展表达的长度

课堂是卓越口才行动的主阵地。卓越口才行动首先从课堂起航。

课前3分钟，树立表达信心。课前3分钟，学生自我介绍、讲述故事、播报新闻、推介好书……小小的讲台，大大的舞台，既锻炼了口才，又增强了自信。

课中20分钟，培养表达习惯。在新教育实验"理想课堂"和徐州市"学讲计划"理念的引领下，学校创造性地探索出"真学课堂——学导练"教学模式。学生汇报时，教师提供可以参考的话语体系，引领学生学会课堂表达。比如，"我通过什么方式，解决了什么问题，是否正确，请大家与我交流""我们小组发现还可以这样解决问题，请大家与我们小组交流""我们小组还存在着什么问题，请大家帮助"……

学科语言的习得与运用是各学科教学的重要任务。我校教师十分注重在课堂教学的互动对话中，引导学生运用学科语言，准确表达自己的思维，培养学生精准的学科表达习惯。比如，在教学"几和第几"时，教师问："三角形排在第几个？"学生很快回答："第4个。"教师追问："你能说清楚是从哪边数起吗？"学生恍然大悟，明白了要规范地表达物体的位置，再次回答："从左往右数，三角形排在第4个。"

每周40分钟，掌握表达技巧。口语交际是母语教学的重要内容。比如，在教学"长大以后做什么"时，教师先让学生当小记者，采访身边的人，了解他们的职业，然后在课堂上与同学们交流。学生们踊跃发言，相互点评，教师再进行针对性的指导，最后启发学生说说自己的愿望。每周一次的口语交际课，让学生在双向或多向的互动交流中，锻炼了口语表达技巧。

二、对话经典，拓宽表达的宽度

如果说阅读是安静地输入，那么口才就是兴奋地输出。学校以共读书目保底，倡导学生海量阅读、个性化阅读，助力学生涵养气质。

推介经典。为培养孩子们"坐下去能写，站起来能说"的良好习惯，各班举行了"我最喜爱的一本书"推介活动。讲台前，有的孩子绘声绘色，落落大方；有的孩子柔声细语，略显羞涩……但多元多态，正是生活的趣味所在。活动中，《西游记》《格林童话》等好书陆续被推介出来。

分享经典。每读完一本书，我们会在阅读交流课上组织学生发表自己的观点。如共读《红楼梦》时，学生们走近曹雪芹笔下的人物，言说经典，既丰富了表达的内容，又提高了表达的技巧。

"剧"献经典。为强化经典共读效果，每年儿童节，学校会举行书本剧和童话剧展演活动。孩子们聚在一起对台词、练队形，乐此不疲。真彩剧场上，《小王子》《夏洛的网》等精彩剧目闪亮登场。

学生们在角色扮演中感受文学世界的魅力，享受浸润式表达的快乐。在排练、演出中，他们渐渐明白：语言不是孤立的存在，每一个词都布满历史的脚印，充盈着生命的精彩。

三、对话生活，增加表达的温度

读万卷书，行万里路。走出校园，我们不仅可以欣赏身边的美好，还能发现学生的口才天赋，为生命的拔节插上翅膀。

走进大自然，言说花开的声音。早春，我们去探索大自然的秘密，花草树木、鸟兽虫鱼，无所不谈。大家收获了浪漫的诗歌与美丽的童心。

走进窑湾古镇，讲述家乡的文化。漫步在窑湾的古街老巷，孩子们走访老者，聆听窑湾故事。课堂上，他们或讲述着桂花云片糕蕴含的美好希冀，或分享着窑湾甜油的酿造过程，大家沉浸在家乡文化的魅力之中。

走进红色基地，播报历史的钟声。清明时节，我们走进革命基地，重温红色记忆，树立报国之志。听完解放军的讲述，孩子们意犹未尽，回来后以生动的演讲再现了一个个感人至深、催人奋进的英雄故事。

四、对话成长，提升表达的高度

口才是练出来的。为给学生提供更多的展示平台，学校打造了一系列培养卓越口才的平台。

真新小秀场。真新小秀场是一个完全属于学生的舞台。孩子们兴高采烈地登上舞台，飞扬个性、提升自信。严寒酷暑阻挡不住他们表演的热情。小舞台，大梦想，这里，让每个孩子秀出精彩。

真新大讲堂。每周四下午，真新大讲堂如期开讲。我们采用班级轮值的方式，结合每月一事、传统文化、历史故事等，各班拟定主题，选拔4~5名学生登台主讲。他们在老师的指导下查阅资料、思考梳理，形成文字和PPT。首讲人彭艺桐给大家留下了深刻的印象。她是一位绘画博主，设计了学校的吉祥物真真和新新。在小红书上，她拥有近6万名粉丝，她的漫画作品已获得30多万次点赞。她阅读鲁迅著作，痴迷于鲁迅研究，用漫画的方式手绘了鲁迅的生平故事。舞台上的她，神采飞扬，妙语连珠，俨然一名小小演说家。

童言妙语社团。学校制订了详细的学期教学计划和月主题活动计划。从形体、普通话训练，到诗歌朗诵、故事表演、剧目编排等，学生们越来越善说、会演、爱表现。

我们希望依托各大平台、各种活动，让每名学生在校六年中，拥有10次以上公开演讲的经历，以真实的磨炼，让学生赢得自信。

五、对话评价，夯实表达的厚度

在培养卓越口才的过程中，学校构建以生为本的综合评价体系，推动学生自主成长。每次参加班级口才展示活动，学生们会收获一枚印章；参与学校的口才评比活动，可荣获一张奖状。每个学期，学校会评选出"口才明星"，颁发证书和徽章。学生们在各级比赛中多次荣获大奖。他们的每一点进步、每一枚徽章，都刷新着我们对生命成长的认知。

言说，让生命拔节；行动，让梦想花开。五年来，我们在卓越口才行动的探索之路上，且行且思，渐行渐远，一路辛苦，一路收获。今后，我们将进一步明晰路径，优化策略，深入推进卓越口才行动，让每个孩子都阳光自信，成就幸福人生。

言说，向着生命存在的探索

河南省开封市贞元学校　张春燕

在多年来对课程的不断探索中，我们发现，写作、阅读、言说是一体呈现、不可分割的。

我们认为，表达不是停留于情绪情感层面的交流闲谈，也不是仅模仿形式的表演表现，而是向着人的本真存在的探索。在河南省开封市贞元学校，这样的探索之旅，由课程起步，从学前到高中，全学科、全学段覆盖。

一、期末庆典：聚焦生命成长，覆盖全部学科

每学期的期末庆典，都是学生们全学科展示的舞台。这是见证生命成长的盛大时刻。刚刚过去的八年级下学期期末庆典中，学生们通过演讲来探究学科本质，梳理成长故事。

学生悦芊带来演讲《我开始关注辞章背后的文化意义》。她讲道："我曾经很不理解为什么要学英语。在学校推出'王阳明课程'之后，我意识到，学外语不仅仅是为了交流，更是了解彼此文化的重要途径。"

之前非常热爱生物的小瀚，对学习生物学科的意义进行了思考。在老师抛出"人和其他生命的存在关系"等问题后，深入思考后的他明白了很多道理："作为人，我们是超越本能的理性存在，必然会

利用理性来思考一切""理性还不够，如果只是具有狭义的思辨理性，就容易成为精致利己者""理性之上还应该有德性——这个世界，总有人会选择舍生取义，为成就美好世界而倾其所有，彰显超越理性的人性光辉"……

一年前，静雯被抑郁症困扰。那个期末，学完《论语》后，我给她写了一段话："亲爱的静雯，我知道这个学期的你遇到了问题。岁寒，然后知松柏之后凋也。或许现在就是你的'大雪'，但是，你要相信生命的渴望。大雪过后，就是春天。亲爱的静雯，如果需要，我们随时都在你的身边！"一个学期后，她重新回到我们身边。庆典上，她作了《在忧伤之谷，展开双翼——我与抑郁的交锋》的演讲。

贞元学校的演讲覆盖全部学科，我们希望引导孩子理性地思考，言说生命的价值和方向。贞元的教师在引导学生锤炼口才的同时，也实现着自身生命的超越。

二、经典课程：聚焦价值追问，引领生命方向

聚焦价值追问是幸福美好得以实现的重要保证。我校经典课程中的先贤圣哲们不断地把人类"存在之思"的光芒带给孩子们，引导他们寻找关于"价值"的答案。

我们在读了《世说新语》《孔子世家》《仲尼弟子列传》《论语》《孟子》的基础上，接触了许多王阳明先生的作品，进入了王阳明先生的精神世界。围绕王阳明先生，我们历时4周推出16次课。其间，我校橄榄树闻灯社发表相关文章62篇，创作出长达2万字的"阳明剧本"。学生小瀚还创作了戏剧的主题曲《家在何处》。

在这一过程中，我们不断以演讲（小组演讲、班会演讲、国旗下演讲、庆典演讲）的方式，分享我们的知和行。孩子们用王阳明

的话语"吾心自由光明月,千古团圆永无缺""此心光明,亦复何言"勉励自己。相信今后他们遇到困难时,会更有力量。

语言,是存在的家园,是朝向本真存在的探索。它向着过去,接续民族精神的血脉,同时向着未来的无限可能敞开,言说过程中展现的便是幸福完整的教育生活。

昂扬生命，亮出自我

浙江省杭州市萧山区高桥小学　蒋国英

新教育实验的十大行动之一的培养卓越口才，是指通过讲故事、演讲、辩论等形式，让孩子们愿说、敢说、会说，从而形成终身受益的自信心、沟通能力和表达能力。作为一名班主任、语文教师，我一直注重对学生口才的培养。

一、创设一间"表达好声音"的教室

雷夫的56号教室之所以创造了奇迹，不是因为它的硬件有多齐全，而是因为它去掉了一样东西——学生的恐惧感。培养学生的卓越口才，也应该创设一个安全友善的环境，让学生能够放心、大胆地表达。在这样的教室里，每个学生都有发声的权利、表达的机会。

用晨诵开启美好黎明。每一天的生活从晨诵开始，学生们诵读《向着明亮那方》（金子美铃）、《让太阳长上翅膀》（金波）、《我们去寻找一盏灯》（顾城诗歌）、"在农历的天空下"（中国古典诗词课程）等系列诗歌，展现诗韵与诗意。

浸润"有感情朗读"。语文学习的重要内容之一就是"有感情地朗读"。针对学生在朗读中存在的"拖音""唱读""假读"等问题，在课堂教学中，我有意识地引导学生"有感情地朗读"，每周一节朗读指导课，让学生学会语言表达的技巧，提高语言表现力与自信心。

人人都是书籍代言人。如果说阅读为学生打下了精神底色，那么口才培养就是为学生打开表达精神世界的窗口。因此，在阅读课程实施过程中，我引导学生将阅读中的感想大胆地说出来，成为"主讲人""推荐人"。学生在讲述时精神饱满，语言有激情，思维有逻辑。每周的分享会上，我不仅能看到他们的阅读成果，还能看到他们在生活态度、心理素质、思维品质等方面的进步，听到生命拔节的声音。

用夜读之声滋润心田。每天晚上，学生以朗读一篇经典美文结束一天的生活。他们还将自己的朗读录下来，投稿到班级公众号，班里涌现出一大批"朗读者"。

这样的表达机会无处不在，如班级竞职演说、课前两分钟诵读、口语交际课、诗文朗诵赛、班级辩论会、每周汇报等，都让学生在友善、自由的环境下，爱上言说，自如表达。

二、课程是生命成长的摇篮

朱永新教授说："教室是一根扁担，一头挑着课程，一头挑着生命。"在培养卓越口才的新教育实践中，我结合学生的生活实践与语文教学内容，创设了以下课程。

小演员课程。学生在语文学习中需要通过大量的语言实践活动，逐步形成综合的语言能力。统编语文教材五年级下册第二单元专门设置了"怎么表演课本剧"板块。课本剧的编演，为学生提供了大量语言实践的机会，也能拓展学生的思维发展空间。因此，每月一次的剧本展演成了班级的特别仪式。学生将语文学习或平时阅读中读到的有意思的故事，分小组、分角色展演出来。学生在剧本表演中立体形象地表现着人物的性格特点，全方位地展现着自己的口才与表现力。渐渐地，班级小剧场衍生出了"小品""相声"等更多的形式。

新闻课程。教室有墙,课程无墙。小学阶段是学生道德认知、言语表达、心理建构的重要时期。特别是到了中高年级,他们了解社会、探索世界的欲望更加强烈。于是,我们走出教室,开启了言语实践课程。我以口语交际课《学会采访》为基础,引导学生认识到采访前要明确主题、选择对象、设计问题,以及进行人员分工,采访中要注意礼貌用语、及时记录、发现问题、有效采访,采访后要做到团队合作、交流感悟、完善资料、及时报道。学生们寻访街边路人、抗战老兵、非遗传承人……在整个采访过程中,"小记者们"学会了聆听与交流,学习了撰写采访报道、制作新闻小报。走出去的"新闻课程",将学生对社会的认识化为新闻报道,生命在课程中延展。

在课程里,我与学生都获得了成功体验。课程,让师生共历生命的精彩,这就是"幸福完整的教育生活"。

三、用好每一个展示的舞台

每周一的"文源少年秀""小浪花剧场",每周三的校园广播,每学期的"我是朗读者"主题活动、家风家训演讲、垃圾分类讲解……系列活动都为学生的卓越口才提供了展示的平台。学生们积极参加,获得成就感与满足感。

激励是最好的老师。我将优质的学生视频上传到浙江省教育资源网,供更多的学生观看;利用微信群,展示学生的奖状;每学期以"年度盛典"的形式,颁发"十佳好声音""最佳表现力""优秀主持人""最具潜力"等奖项,激励孩子们再接再厉。

经过不断实践、探索、总结,我整理出版了校本教材《朗诵与语言表演课程》,里面记录了这些年我和孩子们的成长历程。一路上，学生获得了更多的表现机会，变得自信、大方、开朗，学校各类大型活动都有他们精彩的主持和节目表演，当然也在各种评选中屡屡获奖。学校将我们的经验推广到全校每周三的"拓展课"上，让更多学生获得语言的训练与熏陶，成为敢于说、乐于说、善于说的少年。

卓越口才，让雏鹰展翅翱翔

江苏省南通市海门区东洲国际学校　茅雅琳

生动表达，是我校倡导的学生核心素养之一。在东洲国际学校雏鹰班，我给孩子们创设各种平台，努力实践着三"大"工程（大声说话、大胆交流、大方表达），进而形成班级卓越口才课程。新教育发起人朱永新教授指出："如果把教室比作河道的话，课程则是水流。两者相得益彰时，才会有教育的精彩涌现。"我班的卓越口才课程分四个系列。

一、每课问答会

作为一名数学教师，我提出了"趣动数学"的教学主张，其中的"学习主动"和"交流生动"，都指向卓越口才的培养。数学学科语言的习得与运用是数学学科教学的重要任务。作为数学教师，我们要在数学课堂的互动对话中，引导学生运用数学学科语言，精准地表达自己的思考过程，培养学生的数学思维。我把这样的常态对话称为"问答会"。

例如，在学习《相反数》一课时，我班"问答会"的现场实录是这样的：

问题1：满足怎样特征的一对数，我们称互为相反数？

学生1：符号不同的两个数，我们称互为相反数。

学生2：符号不同，后面的数字应该相同，这样的两个数，我们称互为相反数。

学生3：只有符号不同的两个数，我们称互为相反数。

学生4：0的相反数就是0。

问题2：这是从数的角度解释了相反数，你们能否换一个角度来理解呢？

学生5：数轴上，到原点的距离相等的两个点所表示的数，我们称互为相反数。

学生6：数轴上，在原点的两侧，到原点的距离相等的两个点表示的数，我们称互为相反数。

以上六位同学，通过大方的表达，不断追求数学语言的精准和简洁，充分暴露自己的思维过程，实现了对相反数的理解。

我们还会根据授课进度，组织"今天我来当老师"活动，提前一天告知内容，让学生报名认领他想讲解的题目，然后自主准备，第二天站上讲台进行讲解。从学生讲题后的心得体会中可以看到，为了讲题，他们会重新梳理思路，尝试从不同的角度思考问题，预设同伴的困惑，并努力加以解决。当小老师的经历让大家终身难忘，在培养卓越口才的同时，又对数学问题有了透彻的认识，也学会了换位思考。

二、每日微社团

新教育倡导，通过讲故事、演讲、辩论等形式，让学生愿意说、敢说、会说，从而形成受益终身的自信心、沟通能力和表达能力。每天午饭后的10分钟休闲时光，就是我班每日微社团的活动时间。

我们共开设了四个微社团。

周一是"路透社",主要介绍上一周国内外要闻。学生可以对自己感兴趣的新闻进行详细阐述。这个10分钟让学生学会关心时事,关注社会热点。

周二是"英语故事会",要求选择一篇短小且富有哲理的英语文章,通过口述的形式分享给大家,并进行自由问答。

周三是"悦读社",主要是向同学们介绍一本图书。这个10分钟的介绍,通常包括作者简介、内容概述、名句欣赏和阅读感悟。

周四是"睿智物理"。进入初中后,有些男孩特别喜欢钻研难题,也愿意分享自己的思维过程。怎样让这些孩子也能展示自己呢?我特意为他们开设了理科类的微社团,由学生根据理科教学进度,挑选自己感兴趣的问题进行讲解。讲解的过程中,他们主要分析已知条件,注重提问和质疑,提高同学们分析问题和解决问题的能力。

这样,每个孩子都投入自己感兴趣的微社团中,并努力在演讲的过程中,发挥自己的才能,展示自己的特长。

三、每月大讲坛

新教育倡导,通过开展学校报告会,以及参加社区活动、游学、综合实践等形式,充分利用区域内外教育资源,引导学生热爱生活、关注社会,形成多元价值观。我班每月一次的大讲坛就以学生为主,有时也邀请家长或社区代表主讲。

七年级入学时,我会向家长朋友们发出邀请函,同时设计一个表格,让家长和孩子思考感兴趣的主题。大讲坛的内容涉及书法、诗词、建筑、医学、梦想等,内容丰富,范围广泛。以施昊呈同学主讲的《琵琶行》为例,她从琵琶的起源开始,讲到琵琶与敦煌文化、琵琶的传世，以及最后的名篇赏析。为激发同学们的兴趣，她还特意增加了互动环节，下载了音乐视频，进行了现场弹奏。每次讲坛结束，总有孩子兴奋地告诉我或家长，他对某个行业产生了浓厚的兴趣。我们知道，也许过几天孩子就淡忘了，或者下次，孩子们又有了新的想法，这些都是正常的。如果某次讲坛能激发孩子的思考，拓宽孩子的视野，在孩子心中种下梦想的种子，那么我们的目的就达到了。

四、学期辩论赛

我班每学期会组织一次辩论赛。首先邀请沈清逸同学开设了讲座《思辨的奥秘》，介绍辩论赛的意义以及流程，然后进行辩论赛展示，让所有同学初步感知辩论赛的魅力。在第一期辩论赛中，我鼓励学生自主选择辩论主题，大家根据自己的喜好报名参与。由最初的家长主持到学生主持，由照着稿子读到脱稿辩论，整个过程，就是孩子们不断蜕变、不断拔节的过程。虽然是班级的活动，但是每一次我们都非常注重仪式感。活动前，我们有选手风采展示；活动中，有选手名牌、黑板报等氛围布置，以及最佳辩手评选；活动后，有通讯报道及感悟刊发。我们辩论赛的主题有"智商与情商哪个重要""愚公是否应该移山""初中生上网利弊之争"等。辩论赛吸引了其他班级的注意，他们也想参加，年级友谊赛应运而生。我们将辩论的地点从本班教室转移到学校录播教室，并且邀请了年轻教师担任比赛的评委。那次的辩题是"挫折是否利于成才"。同学们博古通今，引经据典，以犀利的话语、刁钻的问题、深邃的思考，展示出灵活的反应力和深厚的知识储备。

以上课程的设置，既培养了学生的卓越口才，又锻炼了学生的思辨能力，提升了学生的综合素养，给学生的初中生活留下了很多美好的回忆。

  做班主任很忙，事情很琐碎。但是，学生的成长也是肉眼可见的。七年级的教师节，我和孩子们一起分享蛋糕，当时的他们是稚嫩的；九年级的6月，我和孩子们拍摄毕业照，他们是阳光又睿智的。每一个平凡的日子，对学生而言，都是不平凡的，隐藏着他们的成长契机。时光流转，日月更迭，在一个个相互陪伴的日子里，我们为生命中的偶然相遇而珍惜、珍重。

培养卓越口才，涵育数学素养

山西省临猗县示范小学东城分校　陈卫华

所有学科教师都是学生言语表达的示范者和引领者，所有学科教学都是学生口才培养的有效路径。

——题记

2020年9月，我校确立了"全学科阅读与表达"的培养计划。作为数学教师，我和学生一道反复实践、探索、总结，实现了让学生从"表达数学"到"数学的表达"的转变，在培养卓越口才的同时，涵育学生的数学素养。

一、用好课前3分钟，让数学分享有模有样

关于阅读与表达，我校采取"2+1"模式进行："2"是每个课前3分钟与每天学科阅读课程，"1"是每周班级讲故事比赛和每月一次校级讲故事比赛（各学科轮流进行）。这个模式旨在以讲促读，以讲练能。如何让每个课前3分钟都变成学生的精彩时刻呢？我与家长合作，将其分为"读—演—讲（奖）"三步。

"读"：引导孩子们读书中或者网上的数学故事，了解数学文化，掌握数学知识等；"演"：让孩子们和家长合作，把自己要讲的数学故事在家里进行演练，每一次演练都是一次思维与语言提升的过程；

"讲（奖）"：一是讲述，二是奖励。当学生在讲台前展示时，全班同学认真聆听，除了给予热烈的掌声，还要一起讲一讲分享者的优点，给分享者具体而真诚的鼓励。同时，我会拍一个小视频发给家长，与家长分享孩子进步的喜悦，并请家长正式、认真地表扬孩子，激发孩子们分享的热情。

慢慢地，我惊喜地发现：孩子们的笑容越来越自信！做过课前分享的学生有了很大的变化，他们的表达思路清晰了，会用数学语言叙述了，俨然成了一个个有模有样的"小小演讲家"。

二、优化互动对话，让数学思维渐次生长

朱迪思·朗格在《想象知识：在各学科内培养语言能力》一书中说："我们需要审视并理解自己与他人的观点，去质疑并探索掩盖在表象下的深层意义。"

《做个百数表》一课中，我与孩子们这样对话：

师：同学们，你能从 1 数到 100 吗？能将这 100 个数填到百数表中吗？你发现了什么规律？

生：我们以前学过加法表、减法表，都是横着看、竖着看、斜着看说规律，这个表应该也是这样的……

学生能从横着看、竖着看、斜着看三方面说出百数表中隐含的规律，说明他们的数学语言表达能力在这个过程中慢慢提升了。

在学习《认识图形》一课时，孩子们带来了长方体、正方体、圆柱、三棱柱等几何体。

师：这些立体图形上藏着什么图形，你能借助学具把它们画出来吗？

生：我画出了长方形、正方形、圆。

学生借助工具，理解了立体图形与平面图形的关系，用自己的语言说出了对长方形、正方形、圆、三角形的认识。在教师与学生的对话中，学生认识了平面图形的特征，提高了数学思维能力和数学语言表达能力。

数学学科语言的习得与运用是数学学科教学的重要任务。作为数学教师，我们要在数学课堂的互动对话中，引导学生运用数学学科语言，精准地表达自己的思考过程，培养学生的数学思维。

三、激活数学课堂，让数学表达有滋有味

在学习了 100 以内的数后，我和孩子们玩起了接龙游戏：先 2 个 2 个地数，数到 100；再 5 个 5 个地数，数到 100；最后 10 个 10 个地数，数到 100。课堂上，数数"小火车"开得欢快而热烈，孩子们对数的理解、对十进制的理解在数数中渐渐明晰起来。

在学习《小小养殖场》一课时，孩子们开始演课本剧：

生 1：我是小鸡，我有 100 只。
生 2：我是小鸭，我有 92 只。
生 3：我是小鹅，我有 22 只。你们知道我们谁多，谁少？
生 1：我是最多的，因为我是三位数，你们都是两位数。
生 3：我是最少的，我的十位数字 2 没有十位数字 9 大。
……

孩子们通过表演、解说、争辩，将"多得多""少得多""多一些""少一些""差不多"这些词语内化于心。

就这样，数学课堂活了起来。它点燃了学生的热情，激发了学生的表达欲望，学生的生命力得到了释放。数学课堂真正成了师生共同成长的乐园。

四、开发校本课程，让数学表达意味深长

我校的"阅世界"项目式学习课程，意在让学生学会与世界对话，习得与世界对话的能力。为此，教师人人都成了课程的开发者和实践者。从"疯狂扑克牌"中的"讲扑克牌的数学故事"到"数学文化"的探索，从"我与家乡"课程中的"数说临猗""数说运城"到"数说中国"，从"井上添花"课程中的"井盖中的数学"到"光盘行动"中讲述"一粒米的历程"，从"神奇的编码"到"导游带你游校园"……学生在讲中思、思中练，提升了综合能力。

2023年3月，我们组开发了新的课程——"数说雷锋"。

第一个阶段，让孩子们用数学的眼光走近雷锋，发现雷锋故事中的数学信息，并用数学的语言表达出来。一个故事，一串串数字，学生对数的感知让故事立体而深刻。

第二个阶段，让孩子们走进社区，学雷锋做好事，并将过程用数学语言讲出来。"我和妈妈来到养老院帮工作人员干活。首先，我来擦有转盘的健身器材，这个健身器材上有4个转盘，我擦完需要5分钟；然后，我再擦有座椅的健身器材，擦完这个健身器材，我用了5分钟；最后，还有两组长椅，一共有8个椅子，我擦完这些用了10分钟……"学生在项目的驱动下，主动去发现，学会数学的思维、数学的表达。这正是数学学科素养的涵育过程。

《义务教育数学课程标准（2022年版）》对学生数学核心素养的培育提出了这样的要求："会用数学的眼光观察现实世界，会用数学的思维思考现实世界，会用数学的语言表达现实世界。"多年来，基

于数学学科教学的卓越口才行动,让我们真真切切地看到了学生数学表达能力的提高,看到了学生思维的跃升,看到了学生自信而张扬的个性生长。

我们深知,真正让每一个学生在数学学习中从"能表达"到"会表达"再到"卓越表达",还有很长的路要走。我们将一直行走在探索的路上。

培养卓越口才，助力人人出彩

——基于"雅正"童心剧场的卓越口才行动探索

江苏省徐州市太行路小学　赵欣

江苏省徐州市太行路小学有150名学生，一部分孩子来自周边12个自然村的拆迁家庭，还有一部分孩子是随着城市化发展，周边县（市、区）进城务工人员的子女。孩子们纯朴善良，却羞涩胆怯，不善表达。对此，近年来，我校以"雅正"童心剧场为依托，扎实推进培养卓越口才行动，锤炼"太行"少年的口才，增强他们的自信。

一、戏剧入生活，人人参与

新教育认为，课程即生活，有什么样的课程，就有什么样的生活。我们有目的、有计划地把培养卓越口才渗透在各类课程中，融入学生日常生活，润泽每一个孩子的生命。

我们紧紧抓住课堂这一主阵地，研读课程标准，梳理教材内容，基于国家课程中的经典场景，重点形成三大关键主题，在体验、实践等环节，依据学生年龄特点，分学段开展卓越口才学习与展示活动。例如，在3~5分钟的当堂即兴表演中，低年级以朗读、复述、角色扮演为主，中年级以讲故事、表演、情景对话为主，高年级以演讲、现场播报、课堂微剧场为主。我们将讲台变舞台，让学生讲故事、演话剧，提供给他们一方属于自己的自由天地，让他们心中有梦想、眼中有光芒、脸上有自信。

我们紧紧抓住每个重要节日和学校纪念日，积极组织学生参与诗歌朗诵、情景表演、讲故事大王比赛等多种形式的展示活动，为学生提供学习交流的平台和机会，扩大语言学习和交流的范围。如在童心剧场"诵端午"活动中，孩子们身穿汉服参演童话剧《五毒动物传说》，朗诵《端午·咏屈原》，参加班级端午赛诗会等，充满童真童趣的表演，让我们聆听到"卓越口才"花开的声音。

我们充分挖掘、整合社会资源，带领学生走出校门，利用社会研学基地，开展淮塔纪念馆"小小讲解员"、徐州博物馆"小小传承人"等趣味口才实践活动，让儿童有更多表达、历练的机会。2022年暑假，四年级的孩子们走进江苏省梆子剧院开展研学体验活动，近距离接触梆子戏，感受其魅力与风采。孩子们有模有样地跟着老师学习，将卓越口才的种子深深根植心中。

二、"雅正"大剧场，班班有戏

口才是一个人一生重要的能力之一，我们培养孩子的卓越口才，就是教给孩子受用终身的本领。我校"雅正"童心剧场为每个班、每个孩子提供了舞台，实现了班班有戏、人人出彩。例如，每周一下午班会课的"每班一台戏"时间，每个班学生可轮流登台展示。我们采用班级轮值的形式，在每周三中午为学生搭建"雅正午间微剧场"（时长15分钟）。剧场内，孩子们以读、编、演、悟、赏、觉"六小行动"呈现出一台台精彩的舞台剧，如话剧《爱的语言》、亲子小剧《厚德载物》，以及课本剧《陶罐和铁罐》《小马过河》《小蝌蚪找妈妈》等。在这些舞台剧中，每个孩子都有角色，有的朗诵、唱歌，有的主持，有的做剧务，人人参与，人人在场，人人出彩。教师们退居幕后，由孩子们自己写串词、主持、排演。孩子们不仅展示了才艺，也锻炼了胆量，增强了自信。

2023年3月的第2周，轮到我们班出演"每班一台戏"。这是孩子们期待已久的活动。孩子们自选主题，自编、自导、自演《小马过河》。在剧本编写、道具安排、人物选择等环节，我都没有过多指导，只是特意叮嘱"小导演"给那些不善表达的同学多些台词，其余都放手让他们去干。就这样，孩子们利用课后、双休日的时间，紧锣密鼓地准备着。

演出的那一天，他们的表演让我十分震撼。他们准备的道具很精致，剧务配合默契，演员尽心尽力，好几个平时腼腆、内向的孩子表演起课本剧来自信满满，扮演小马的孩子为了演出更生动，练得嗓子都哑了……我没想到他们会如此认真、执着、精益求精。看着一张张充满自信的笑脸，刹那间，一种幸福感在我的心头荡漾开来。随着一次次锻炼，我发现很多孩子在悄悄地改变，他们更愿意表达自己的观点了。

三、小百花戏剧社团，个个出彩

如果说人人参与的课程生活、班班登台的"雅正"剧场，是惠及每一个孩子的普及性行动的话，创立于2019年的小百花戏剧社团则致力于服务有更高需求的学生。

我校面向全校招募一批喜欢表演、有潜质的学生进入小百花戏剧社团。在社团中，我主要负责台词方面的辅导，进行启发式、互动式教学，努力让孩子们想说、敢说、爱说、能说、会说，勇敢地表达自己的观点。学校还引进了优质的社会资源，特聘江苏省梆子剧院书记、院长燕凌进行声乐、表演方面的指导。江苏有线电视922

频道制片人卢杨通过"讲解+示范"的形式,口传身授,悉心指导。我还和团队成员一起成立了小百花戏剧课程研发部,结合学生特点,研发设计了系列培养卓越口才的戏剧社团课程,如单项训练和综合剧目排演等,以提高学生的综合表达能力。

社团每周利用课后服务时间定期安排两次课,每次1.5小时,为学生提供一对一的辅导,同时进行专业训练和剧目排演,帮助他们更好地掌握表达技巧。在课余时间,我们会向学生推荐电影和剧目,供他们自主观看和学习。为了提高成员的表达能力和交流能力,我们还不定期组织社团活动,如戏剧展览、剧目演出等校内外文艺活动。

就这样,小百花戏剧社团在"热爱戏剧、提升口才"的沃土里拔节生长。社团荣获徐州市云龙区第七届艺术展演综合类最佳表演奖,社团成员刘明暄、陈浩龙获得中国优秀艺术特长生展演语言类金奖,贺多获得江苏省艺术水平展演朗诵组合金奖……社团很小,天地很大;卓越口才,百炼成钢。将卓越口才内化于心,方能让自信之花绽放于形。

几年来,基于"雅正"童心剧场卓越口才行动的探索,我校先后申报立项了江苏省品格提升工程项目"雅正童心剧场育人行动"、江苏省教育科学规划重点课题"指向言语交际的童心剧场建构"。卓越口才行动的探索不仅培养了学生的口头表达能力,更增强了学生的自信,改变了孩子的精气神,提升了办学品质。今后,我们将继续以"雅正"童心剧场为依托,发挥优势,积极探索,持续深耕卓越口才行动,为每一位"太行"少年的出彩人生奠定坚实的基础。

"满天星"大讲坛,学生生命成长的多彩舞台

江苏省南通市海门区东洲小学长江路校区　高姗姗

"满天星"大讲坛始于2015年3月20日。我至今清晰地记得,那是一个春寒料峭却阳光明媚的午后。今天,148个孩子,138场演讲,"满天星"大讲坛已经成了东洲小学固定的文化菜单,培养了一批又一批拥有"卓越口才"的学生。

一、"满天星"大讲坛的缘起

"培养卓越口才"是新教育十大行动之一。朱永新教授在《中国新教育》一书中这样说:一个学生愿意讲话、敢于讲话、敢于表达思想、能清晰地表达思想,表明这个孩子有强烈的自信心。自信心对于一个学生来说,是安身立命之本。在社会上,没有自信心,就难有真正的竞争力。

但是,人际间沟通能力和表达能力的培养,恰恰是我们当下教育所缺乏的。因此,我校教师一直在思考:如何激发学生自信表达的内驱力?如何提升学生自由表达的能力?我们应该搭建一个怎样的平台,创造机会让学生乐于表达、乐于分享?

缘于这样的思考,2015年起,我们开始了学生讲坛的尝试。我们将学生讲坛取名为"满天星",希望每一名登上讲坛的学生都能散发自己独特的光芒,都能用"卓越口才"点亮自己、点亮他人。

二、"满天星"大讲坛的目标

第一,引领学生开展自主性、主题式的阅读行动,丰富学生的内心,培养卓越口才,激发深度思维。

第二,为学生提供挑战自我、完善自我的机会,提供张扬个性、展示能力的平台,帮助学生建立起人格自信。

三、"满天星"大讲坛的实施

每一名登上讲坛的主讲人都要完成"六部曲":自由选题—向学校提交申请—独立撰稿—制作课件—反复试讲—设计海报。孩子们参与设计的海报,需要和广告公司多次沟通才能定稿。海报一般提前三天发布,为自己打广告。有的主讲人还组成后援团,到各班进行宣传。海报一旦张贴,就意味着要登上舞台。讲演结束后,撰写微信报道,在学校公众号上发表。

朱永新教授说:"说"的背后是思想,为了说得精彩,就必须研究得精彩。的确如此,20分钟,一个人,一张演讲台,一个大屏,底下坐着几百名观众。倘若空有想法,没有"深度阅读"这把"金刚钻",是无论如何也揽不下这"瓷器活儿"的。因此,每一个主讲人动笔撰稿之前,都已经有了大量的阅读储备。

曹宇航同学钟情于神秘古国"楼兰"。他分析了大量文物图片,把楼兰神秘消失的原因归结为"兵劫""地劫""沙劫"。他说,为了讲好"楼兰",他几乎翻遍了所有的文献资料。

黄昱钦将《三国演义》读了五六遍,"反贼"魏延一直是他心里的一个谜。在和《三国志》进行比较阅读之后,黄昱钦借助文献,"叫板"罗贯中,大胆为魏延正名。

张依文讲《走近苏轼》，为此，林语堂的《苏东坡传》，她翻阅了不下五遍，苏轼的诗词佳作张口就来。徐艺桓将《论语》随身携带，一有空就翻出来咀嚼回味，这才有了她在演讲台上滔滔不绝的底气。吴奕萱借用《离骚》讲屈原的一生，诗中拗口的诗句信手拈来……

阅读成就思想，表达传播思想。"满天星"大讲坛就是卓越口才和阅读的完美融合。主讲人用清晰的、富有逻辑性的、极具感染力的表达，让在场的所有人一起经历思想碰撞的交流，"满天星"大讲坛的魅力正在于此。

所以，每一期大讲坛都座无虚席，有时连台阶和舞台上都坐满了，更有同学甚至一吃完午饭就来影视中心占座。我们设计了最让孩子激动的"有奖问答"环节。每一次讲演结束，我都会作即兴点评，引导场上场下即时对话。

梁峻源同学讲朱元璋，极尽赞美之词。结束后，我抛出问题：朱元璋这个皇帝真的就那么十全十美吗？当即就有孩子举手互动，发表看法。

蔡奕同学在谈中国汽车发展史的时候，借用了慈禧太后与中国第一辆车的荒唐故事，引发全场的笑声。讲演过后，我让大家思考：笑过之后，我们该做些什么？全场一片安静，不久，有孩子举手表达：现在的中国已是一个汽车销售大国，但是，从汽车销售大国走向汽车制造强国还需要努力。

之所以有这样的现场互动点评，是因为，"满天星"大讲坛不仅属于台上的主讲人，更属于前来聆听的每一个孩子；因为阅读和思考的脚步没有终点，即时生成的交流场更弥足珍贵；因为让每一名同学都有带得走的阅读期待，都有带得走的登上讲坛展示的激情，讲坛才更有意义。

四、"满天星"大讲坛的成果

8年的躬耕实践,换来了累累硕果。截至2023年6月30日,已经有148位学子在"满天星"的舞台上进行了138场演讲,演讲内容包罗万象。东洲小学孩子们的心中早就播下了"全科阅读"的种子。

2021年9月,东洲小学长江路南校区开校后,每周五中午的"满天星"大讲坛就成了南北校区孩子共同的期待。近期,南校区以56个民族为主题,进行主题式演讲。

"满天星"大讲坛项目取得多项荣誉。《海门日报》专门进行了报道,相关论文也多次发表并获奖。大讲坛的经验推广后,学生讲坛的形式在海门中小学校园内遍地开花。

2021年10月29日,大讲坛举行到100期的时候,最早的一批孩子已经上了大学。他们或录制视频,或撰写文章,诉说着"满天星"大讲坛在他们成长道路上的重要意义:曹宇航认为,"满天星"大讲坛锻炼了他独立解决问题和流畅表达自我的能力。黄昱钦觉得,"满天星"大讲坛丰富了他在舞台上的经历,让他收获了自信。2022年9月,东洲小学30年校庆之际,刚考取清华大学的吴奕萱在回忆母校的文章中,专门提到了"满天星"大讲坛。她这样说:厚厚的史书与资料、20余页的演讲稿、PPT与海报的制作、满堂人的专注聆听,是"满天星"大讲坛给予我的一次难忘体验。一颗种子被悄悄种下,最终慢慢发芽。

8年,148个孩子,138场演讲。突然觉得,8年的时间,很长,最早的一批孩子已经在大学的校园飞扬青春;忽而又觉得,8年的时间,很短,孩子们在舞台上滔滔不绝的每一个场景,历历在目,好像就在昨天。

作为"满天星"大讲坛的躬耕者，我想说：我们愿意就这样坚定地行走在培养卓越口才的朝圣之路上，随时播种，随时开花，让"满天星"大讲坛伴随浓郁的书香、自信的表达，成为孩子们最美丽的生命成长姿态！

穿越说写课程,遇见更好的自己

江西省赣州市定南实验学校　郭文丽

2020年初,线上教学让孩子们的学习、生活节奏发生了很大变化。那个时候,我一直在思考,自己能为长期进行线上学习的孩子们做点什么呢?就这样,说写课程在略显仓促中与孩子们相遇并延续至今,我们不断探索课程实施的最佳路径和最优策略。

一、贴近生活,做到有话可"说"

在生活中说。我告诉孩子们,人间烟火、市井生活最有趣,只要用心观察、细心体味,都可以拿来"说",比如一道菜、一件物品、喜欢的书、校园里的一草一木、班级活动、新闻事件、家乡的变化等,都是"说"的素材。我引导孩子们留心生活,留意身边的小事、趣事,成为有话可"说"的人。

在阅读中说。说写是输出,阅读就是最好的输入。随着说写课程的深入开展,我在班里建立了说写群,引导大家每天阅读打卡,解决输入问题。3年来,我们共读了37本课外书,很多孩子养成了阅读的习惯。借助讯飞语记功能,我鼓励孩子们把"说"转化成文章。如读《汤姆·索亚历险记》时,我让孩子们把故事"说"给爸爸妈妈听,并把阅读心得发在说写群里。

在活动中说。新教育实验开展以来,学校陆续开设"校园电视台""跳蚤书市""学生讲坛"等展示平台，我鼓励孩子们积极参与，展示口才。我们班也经常开展辩论赛、故事会、演讲比赛等。我还把每周二的阅读课定为"课本剧表演课"，孩子们自导自演，穿上表演服，一起穿越经典，与名著人物对话。让人惊喜的是，孩子们的课本剧不仅走上了学校"六一"文艺汇演的舞台，还走进了社区公益领读者活动的现场。

二、模块训练，保证有时间"说"

课前分享。一直以来，我校每位教师都坚持把"课前3分钟"留给学生，由学生上台分享，内容不限、主题不限、形式不限，锻炼学生在众人面前表达的胆量和能力。任课教师依据课程性质或教学内容，提前安排，请学生做好准备。例如，学生江静娅以"真正的耕耘者"为题，把心中的袁隆平爷爷深情地描述出来，在班上引发了一阵"袁隆平热"。

课堂练说。课堂练说由朗读奠基，正确、流利、有感情地朗读既是语文教学的要求，也是练好卓越口才的基本功。教学实践中，每教一篇课文，我都会示范朗读、领读，引导学生读出文字背后的意义，读出感情，把课文的内容和感情通过自己的声音表现出来，赋予文字感染力。同时，我一直有意识地训练学生用一句或一段完整的话回答问题，养成规范回答提问的习惯。

每日暮省。暮省是新教育的日常生活方式，是心灵的自我对话。我在班里倡导群体暮省，每天放学前5分钟学生闭上眼睛默想，今天哪里做得好，哪里做得不够好，我要感谢哪些人，明天打算怎么做，然后说给同桌听。之后，再请一两个孩子说给全班听。孩子们回家后，用日记的形式记录在暮省本上，这样就达到了反思总结当日学习生活的目的，也培养了他们的口头表达能力。

三、方法指导，实现高质量的"说"

读写迁移法。读写结合，相互迁移。我经常引导学生模仿课文精彩段落的表达方式，让学生仿"说"。例如，学习《少年闰土》一文时，我引导学生按照第一自然段的句式仿"说"一段话。孩子们输出的美妙文字，常常让人眼前一亮。

关键词提示法。我常用关键词提示法训练学生说写，让学生围绕话题，迅速选准3个关键词分层次说，并经常给予学生鼓励。慢慢地，学生能把一个词说成几句话，甚至出口成章，"说"出长短不一的"文章"。文章虽稚嫩，但他们的语言思维一步步得到了强化。例如，在引导学生编写童话故事时，我会先提供几组词语：国王、啄木鸟、玫瑰花、黄昏、冬天、星期天、厨房、小河边、森林超市……然后，让学生选一组关键词即兴说写，在关键词的提示下发挥想象，编写故事。他们编写出的童话语言通俗生动，情节离奇曲折，引人入胜。

思维导图法。思维导图形象直观、重点突出、层次分明，能够激发丰富的联想和想象，有效提高思维效率。在口才训练过程中，我先引导学生画出思维导图，然后对着思维导图训练说话，这样既有趣又有效。例如，在共读《鲁滨逊漂流记》后，我让学生以背景、内容、人物为主线画好思维导图，引导学生对着思维导图说故事。学生的思路非常清晰，也非常喜欢这种讲授方式。

3年来，我和孩子们坚持说写，以课程培养口才，润泽生命，一起享受说写带来的快乐和幸福。孩子们从开始的不敢说、不善说，到现在的喜欢说、说得好，人也变得自信、阳光。其间，两名学生被选为校园电视台主持人，12人次在市县演讲比赛中获奖，45人次在媒体上发表文章。孩子们制作了6本精美的说写集，语文成绩有了较大提升。

乐于表达、善于表达、精于表达，是学生思维能力、交际能力的生动演绎，也是学生综合能力的体现。作为语文教师，我们应将"培养学生卓越口才"化作行动，合理有效地引导，推动新教育"说写课程"这一重要行动真实地发生于课堂，让孩子们的人生充满自信，精彩卓越。

开设模拟法庭，培养卓越口才

江苏省盐城市大丰区刘庄镇三圩小学　张勇

"现在宣布开庭！"庄严的国徽下，随着一声清脆的法槌声，"审判长""公诉人""辩护人"各就各位，神情严肃……这是盐城市大丰区刘庄镇三圩小学模拟法庭上的一幕。这样的场景经常在三圩小学上演。

三圩小学是一所偏远的乡村学校，留守学生多。他们羞涩腼腆，缺乏从容交流的自信。2020年，邂逅新教育后，开发模拟课程，培养卓越口才，让我们寻找到了破解这一问题的有效路径。3年多来，学校呈现出一道法治教育和卓越口才行动融合推进的独特风景。

我们先后组织"校园欺凌""远离毒品""网络游戏危害"等数十场主题案例庭审活动。一个个案例强化了孩子们的法治意识，一场场"庭审"模拟锻炼了孩子们的口才。如今，模拟法庭已成为三圩小学培养学生德行和口才的亮丽品牌。

每次模拟法庭活动前，我们都要在学校海选庭审"审判长""公诉人""辩护人"等。不过，开始并不顺利。2020年3月，第一张庭审招募海报《手机的危害》张贴了一个星期，却没有一个学生报名。

为了改变这种局面，我们从课堂出发，向课后延伸，大力推动卓越口才行动。课上，着力培养孩子朗读、讲述、答问、辩论的基本技能；课后，搭建"红领巾播报""故事大王擂台赛""水精灵小导游"等丰富平台，让学生在经常性的口语实践中锻炼口才，增强自信。

如今，每场模拟法庭招募海报一经发布，孩子们都踊跃报名，有的孩子参与了几次选拔才获得机会。孩子们认真准备、参与选拔、反复练习，有效地提高了口头表达能力。随着模拟法庭课程的深入推进，"庭审"组织越来越规范，孩子们在"庭审"现场的表现也越来越出色。

以"校园欺凌案"的模拟"庭审"为例，该活动共包括以下几个阶段。

法庭调查阶段。"公诉人"宣读起诉书："被告人课间用力推搡被害人，造成被害人倒地，手臂骨折。被告人已构成故意伤害罪，应承担相应赔偿和法律责任。"庭上，"审判长"依据"公诉人"的起诉对案发情况逐一进行讯问，"被告人"声泪俱下，承认自己的错误并请求法庭宽大处理。

法庭辩论阶段。"公诉人"指出，"为严肃法纪，请求法庭对被告人予以严惩"。"被告辩护人"据理力争，强调"被告年纪小、无前科，请求从轻量刑"。双方"辩护人"针锋相对，围绕"校园欺凌事件发生后如何处理"这一焦点问题展开激烈辩论。

法庭宣判阶段。"审判长"最后宣判："被告人殴打他人，已构成故意伤害罪。事实清楚，证据确凿，指控罪名成立。鉴于被告人归案后认罪态度较好，故本庭对被告人予以从轻处罚，由被告人承担相应的赔偿责任。"

法庭教育阶段。学校法治副校长结合此次庭审，引导孩子们防范校园欺凌等伤害事件，共护校园的和平、安宁。

"闭庭"后，有的孩子以记者身份采访"当事人"，有的孩子发表"法庭观察感言"，有的班级还组织主题班会交流体会……庭上庭下，孩子们在对话演说中进一步增强了对模拟法庭的体验和感受，产生了对法律的敬畏感。

　　模拟法庭敲响了校园深处的法槌，搭建了法治教育的新平台，培育了学生向美的德行，开辟了卓越口才行动的新路径。每场庭审下来，表现优异的学生可以收获"最佳公诉人""最佳辩护人"等荣誉。课堂上，学生从羞于开口到畅所欲言，从磕磕绊绊到清晰流利，追问、表达的生动场景越来越多。他们不仅收获了卓越口才，也成为一个个"法治小明星"。以模拟法庭为主要形式的卓越口才行动推动了学生的道德生长，培养了学生的法治精神，为乡村学校注入了生机和活力。

　　谈起孩子们参加模拟法庭的经历，家长们纷纷竖起大拇指：模拟法庭改变了孩子，改善了家校关系，营造了良好的家校共育氛围。

　　新教育让美好发生。3年多来，对模拟法庭课程的探索，坚定了我们增强学生法治意识、培养学生卓越口才的信心。为了让师生过上一种幸福完整的教育生活，我们会以更加坚实的行动，历练、积累并蜕变。

语言之所及,即世界之所抵

——温州翔宇果核Talks的模式与实践

浙江温州翔宇中学 叶玉林

和许多新教育学校一样,浙江温州翔宇中学教学楼上也印有"过一种幸福完整的教育生活"这句话。这句话打动了我,它让我想起这样一个画面:爱琴海边,苏格拉底和一群年轻人在雅典的广场上漫步、对话,自由,闲适,有尊严,爱智慧。这是我心中教育的样子。2014年入职翔宇时,我常常思考:这样的教育生活,真的有可能吗?一晃9年过去,现在我的答案是:做这样的教育,确实非常艰难,但值得为此付出。

温州翔宇中学有许多场馆。我来之前,学校已有昆虫馆、贝壳馆、书法教育馆和灯谜馆。后来,我还参与创办了瓯江书院。在创办过程中,总校长卢志文提出了两个目标:第一个,书院里每一个学习者都要成为创造知识、创造思想的主体;第二个,书院要探索一种有温度的学习新模式。我们就带着这样的期待,一路走来。

到现在,书院创办6年多了,已形成由"果核课程"提供底层支撑,果核纸媒、果核学园、果核Talks三大板块深度互动的运营模式。其中,果核纸媒已运行16个月,发行140多期,约120万字。果核学园,就是线下社群。每学期,书院都有4~6个社团在运作,包括读书社、写作社、辩论社、演讲社、书店等。果核Talks,就是学校的卓越口才项目。目前，我们已有5个年度性比赛，包括演讲、辩论、主持、脱口秀等。

学校的卓越口才教育，就在这个框架结构之下展开。在果核Talks中，少年天下演讲会和翔宇之锋辩论赛是完成度最高的赛事。两项赛事已开展四届，成为学校的品牌赛事。以此为例，我来介绍一下这套系统的运作模式。

与一般比赛不同，这些赛事都有系统课程作为支撑。初赛之前，有初阶课程；复赛之前，有中阶课程；决赛之前，有高阶课程。同时，针对入围决赛的选手，学校还组织多轮研习会。辩论赛的运作与演讲会类似，也有三阶课程，另外还有配套自编的《辩论手册》。

仅仅设置比赛，不足以支撑完整的卓越口才教育，但是，比赛是一个较好的接口和入口。从"接口"角度看，这些比赛与日常教学、德育以及校园文化建设有很多连接空间。从"入口"角度看，比赛为学生从优秀到卓越提供了一条通道。在比赛中崭露头角的学生可以进入社团，和同道中人切磋；可以将自己所学在果核纸媒上分享出来；还可以走出校园，登上更高的平台，拥抱更大的世界。

要达成追求卓越的目标，我们需要再回到卓越口才教育框架的另外两个板块——果核学园和果核纸媒。

果核学园中与口才教育直接相关的，是演讲社和辩论社。在这里，热爱演讲、辩论的学生每周聚在一起，读书、写作、对话、比赛。对培育卓越口才来说，社团的意义在于社交。一名学生在果核纸媒上记录了他的社团活动日常：正午，风和日丽，在瓯江书院读书，看到社团的学生和老师聊天，忽然想到孔子和弟子围坐的场景，这样的日常，很动人。

果核纸媒每周发行3期，目前已发行了6个版本。其中，与果核Talks相关的有3个版本。

第一个版本是"理想国"（读书版），这是我们的纸上书香校园。

学生会在上面讨论诸多与读书有关的话题，书院也会把读书课程搬到果壳纸媒上。当前正在开设的是哲学读书课。这个课程的上部是"我们生活在一个怎样的世界"，下部是"一个人要走多少路，才能成为人"。课程开了快一年，书院中常听到学生谈马克斯·韦伯，谈现代社会中价值理性为什么会失落；也谈遥远的苏格拉底，谈"未经省察的生活不值得过"的观念对现代人究竟意味着什么。学生在日常阅读中就可以"与人类崇高的精神对话"，口才教育需要的逻辑条理、理性思考、价值观等，就在阅读中慢慢生长。

第二个版本是"麦克风"。这个版本发布学生的演讲、脱口秀等口头表达文本。书院开设了两门课程：一门是脱口秀课程，叫"幽默，作为看待世界的方式"；另一门是公共演讲课程，叫"告诉你我的世界"。

第三个版本是"翔宇之锋"。这是一个辩论专版，发布辩手的分享和访谈、辩论的生活和经验等。书院开设了辩论课程"辩论之道：从看见具体的人开始"，以及公共说理课程"明亮的对话"。

纸媒虽然无声，但它有效地拓展了口才教育的边界。首先，它可以使口才教育的方式更日常化。通过纸媒，学生可以知道应该怎样学、向谁学，以及在哪里找到同伴。其次，它使口才教育的主体更多元化，可以为全校学生提供知识服务。最后，它使口才教育的课程更普及化。书院将比赛中的课程同步到线上，可以同时面向全校学生。

果核 Talks 项目做了 4 年多，有许多学生脱颖而出，走向更加广阔的舞台。学生陈光芒曾在中国教育创新年会上发表演讲；学生李西然曾在华东师范大学"面向青少年的哲学"圆桌论坛上作分享；"翔宇之锋"辩论队参加了华语辩论锦标赛，随后还将继续参加新国辩中学组比赛。

我们也获得了一些课程成果，比如辩论课、演讲课、脱口秀课程，以及辩论手册、逻辑表达手册等。哲学通识课、公共说理课教学内容正在持续更新中。

一路走来，让人激动的不是过去做过些什么，而是从这个结构中可以想象更多可能性。比如，可不可以像英国海德公园那样，在校园中建立一个演说角？可不可以在多学科专题阅读的基础上做一个多人学术演讲？可不可以召聚那些比赛中涌现出来的优秀选手，做一档播客节目？可不可以做系列短视频，用演讲的方式呈现一个个活在当下的少年？可不可以把脱口秀小剧场做起来？更长远一点说，可不可以做一档流媒体对话节目，让学生说一说他们的世界是怎样的？

关于中国教育人如何面对中国教育的现实，朱永新教授说："中国教育有弊端，但怒目金刚式的斥责和鞭挞，虽痛快却无济于事。对于中国教育而言，最需要的是行动与建设。只有行动与建设，才是真正深刻而富有颠覆性的批判与重构。"孔子说："吾十有五而志于学。"学是什么？学就是打开，学就是对话。这也许就是卓越口才的本质，在对话中遇见他者，就像一个 15 岁的少年遇上了全世界，世界与自己都在相遇中慢慢展开。

这样，我们可以说，语言之所及，就是世界之所抵。

为学生提供高质量的口才教育

美国麻州大学波士顿分校（教育领导学系主任、
终身教授、博士生导师）严文蕃

感谢给我这个机会参加2023年新教育大会。对于我来说，这次点评有一定的压力，前两次我并没有准备PPT，但这次我特意准备了。我的计划是先对大会11位发言者的整体印象进行简要评价，然后重点针对其中6位发言者展开点评。最后，我想谈一下我对新教育卓越口才培养的下一步展望。这是我的思路。

在过去几天的大会中，我们见证了一系列新教育优秀老师们的演讲。如何评价呢？我想到了英国的剑桥大学和Voice 21学校。自21世纪以来，英国一直致力于口才培养，而剑桥大学和Voice 21组织提出了一套口才评价标准，包括四个方面：第一，从肢体、语言表达和声音方面评价；第二，从语言运用方面评价；第三，从传递的内容方面评价；第四，从语言表达的互动、社会认知和情感表达方面评价。具体来说，肢体语言声音涉及肢体动作、面部表情、声音和发音等方面。语言表达包括语言、词汇和修辞等，语言信息的传递则涉及内容、推理、结构和总结。最后一个评价标准则着重于语言表达的互动、社会认知和情感表达。

借用这四个标准对大会11个人的发言来评价的话，我觉得他们无可挑剔，每个人都表现得非常出色，实在让人印象深刻。我们不得不承认，这些优秀的老师和学生都是通过选拔和推荐出来的。但事实上，我们的学生并不都是如此优秀，因此我们应该更加重视所有孩子卓越口才的培养。英国提出这四个标准的目的就是要帮助教师从多个角度评价学生口才能力的优缺点，并重点关注如何支持学生在这四个方面的发展。特别是最后一个评价标准——语言表达的互动、社会认知和情感表达。我认为，在课堂教学中，特别是在课堂讨论时，语言表达的互动至关重要。我们往往只关注发言的几个人，而忽视了其他学生的回应。事实上，口才表达是一种互动的过程，其他学生的积极回应同样重要。因此，我们应该加强这方面的培养。口才表达不仅仅是一个人的表达，更是一种互动交流，特别是社会认知和情感表达方面的交流。

介绍了英国的口才评价标准和对大会发言的整体印象，接下来，我就对6个具体的演讲展开点评。

首先，我们来看山西省临猗县示范小学东城分校的陈卫华老师的演讲。他着重从学科素养的角度谈到了如何培养学生的口才，强调通过学术语言的表达来提升数学学科素养。我很赞同，我们在培养学生口才时，应该紧密结合课堂和学科内容，运用学科语言，尤其是通过课堂讨论，促进学生口才的发展。课堂讨论在研究文献上，可以分成两类：一类是探究性讨论，还有一类是陈述性讨论。在培养学生学科表达能力的时候，怎么处理探究和陈述之间的平衡，这是老师要注意的，尤其是要重视探究性讨论。我想介绍一下常用的探究讨论模型。国外在建构模型的时候，常常把几个英文关键词组合起来，把关键词的第一个字母凑起来就变成了这个模型的名称。例如，探究讨论的模型STAR，就是问题情境（situation）、任务（task）、行动（act）和研究结果（result）这四个关键词的英文第一个字母组合起来的。STAR模型非常适合探究式的讨论，不论是我们做的项目学习，还是理科的课堂讨论，都能应用。它实际上就是要让学生通过讨论，表达他所处的情境、任务、行动以及结果，通过这四个环节来阐述自己的探究过程。至于陈述模型，我们中国教师比较熟悉，实际上就是我们常用的归纳式的方法，先表达自己的观点，然后谈原因、举例，最后对要点做一个总结。这个我们中国做得非常好，很多老师是这方面的典范。另外一种国外常用的陈述性课堂讨论，就是用正反方观点互补来加强表达自己的陈述，最后提出有关的建议。希望这些讨论模型的介绍对大家有所启发。

接下来是来自江苏省徐州市太行路小学的赵欣老师的演讲，他们通过剧本表达来培养学生的口才。大家都看了他们的精彩表演，我在想这个剧本表演的好处是什么，我们要通过剧本表演给孩子带来什么呢？剧本通常是经过精心打磨的，有许多本身就是经典，孩子通过阅读经典，表演经典，就能够逐步实现引经据典，出口成章。我想强调一下剧本表演的好处。美国总统林肯擅长演讲的秘诀之一就是熟读莎士比亚的剧本。同样，英国的丘吉尔也是一个著名的演说家，他是很有功底的，背了大量的剧本和诗词。有一个故事，丘吉尔中风第五天的时候，他跟医生讲，自己没有中风，自己的记忆很好。你信不信，他可以背诗？所以可想而知，朗读、背诵、剧本表演，实际上能够深入孩子的心里，以后慢慢地激发出他们的表达潜力。这个就是剧本表演的好处。

江苏省南通市海门区东洲小学长江路校区高姗姗老师的演讲也非常出色，他们开设了"满天星"大讲坛，148个孩子，138场的演讲，非常棒，充分展示了学生们出色的口才。西方重视口才的传统是从古希腊、古罗马开始的，他们的演讲准备方法至今仍然被广泛应用。此外，亚里士多德的说服三要素（理性、气质、感召力）是演讲中的关键。我建议，老师在辅导演说时，都应该有意识地注意这几个要素。我想特别提一提林肯的葛底斯堡演讲，不知道大家清楚这个故事吗？当时是美国内战，北方打败了南方，北方的军队死了很多人，老的墓地要重新埋布，建立新墓地，就在葛底斯堡。庆典仪式上，第一个演讲的是哈佛大学的校长，马萨诸塞州的州长，一个有名的学者。他当时写的演讲稿是 13000 多个字，时间是 2 小时。轮到林肯讲的时候，他都觉得不知道说什么好，于是沉默了一段时间以后才开始讲。他总共讲了 10 句话，人们把他的话记下来，就是后来有名的林肯葛底斯堡演讲。他所用的时间，只有 2 分钟。演讲后的第二天，哈佛大学校长就写信给林肯，说，如果我的 2 个小时能够抵上你的 2 分钟就好了。尽管林肯的演讲只有短短的 10 句话，但却通过精准的表达赢得了人们的敬佩。林肯的演讲充分体现了他熟练运用亚里士多德的说服三要素的魅力。

江西省赣州市定南实验学校郭文丽老师演讲的是说写课程。我觉得说写很重要，不仅培养了口才，还培养了写作能力。为什么要做说写课程呢？说写就是要突破从 0 到 1 这个过程。孩子们写作时，脑子里想到的东西常常写不出来，我们可以通过说这个中间过程，启发他们先把想法说出来，这样就可以更好地进行写作。我还想提一下古罗马有名的《论演说家》，它是演说教育的经典书籍，诞生于 1 世纪，一套 12 本书，专门讲怎样培养演说的能力，几乎把有关演讲的方方面面都阐述清楚了。书中说到说写的问题，提出良好的说和良好的写是一回事，强调了口才和写作的综合培养。

江苏省盐城市大丰区刘庄镇三圩小学张勇老师演讲的是模拟法庭，讲得也非常好。辩论成为课堂教学的一部分，有助于提高学生的口才和思维能力。如果我们能够把辩论这个元素自然地融入我们课堂的教学活动，会大大提升教学效果。我看了他们辩论时候的照片，大家都是规规矩矩，面对面地坐两排，建议组织各种各样的辩论形式，同样一个辩论队，分成第一梯队、第二梯队和第三梯队，一个一个地不断补充论点和观点，这样辩论就非常深入了。

最后一个演讲的是浙江温州翔宇中学的叶玉林老师，他们的讲演会、辩论赛，都非常好。他谈到了组建辩论团队，我觉得这个很重要。在辩论的时候，我看到一个现象，就是大家往往指定一个主角，没有配角，也没有团队。团队合作是非常重要的，我认为辩论团队应该有不同的角色，如发起者、建构者、挑战者、追根询问者和总结者，这样才能保证辩论的完整性。其实，辩论也好，讨论也好，讲演也好，都要有一个发起者，一个建构者，把话题一步步展开。同时，还要有挑战者对他的观点进行挑战，追根询问者进一步挖下去，最后要有一个总结者。这样，就能把辩论或者演讲做得比较深入，更有挑战性。

以上就是我对这些演讲的点评，希望能够给大家一些启发。

下面，我想着重谈谈对未来新教育卓越口才培养的展望，分享几个我的观点。

第一，我们需要为新教育开发一套独特的口才培养理论，并确保其在实践中有效。我们可以将各位老师在大会上提出的优秀理念和经验进行总结，以提升理论水平和实践效果。我们还可以将东方和西方优秀的文化精华相融合，充分继承过去和现在的智慧。这样的融合不仅能够实现对历史的传承，也能够将中西方文化的精髓融为一体。正如我之前提到的，西方自古以来就有关于演讲培训的经典理论，而中国也有着丰富的思辨传统，通过这样的融合，开发一套新教育独特的卓越口才培养理论是可行的。

第二，口才的培养必须与道德教育相辅相成。我感到遗憾的是，在我们的讨论中，很少有人提及这个话题。我们不能仅仅注重口才的发展，而忽视了背后的道德素养。西方在2000多年前就强调，哲学家和演说家应该合二为一。因为哲学家关注伦理道德，演说家则注重修辞技巧。一个演说家如果丧失了道德底线，就会变成所谓的花言巧语的骗子。例如，柏拉图因他的老师苏格拉底被判刑而对这种情况感到愤慨，认为是那些追求口才而忽略道德的人犯下的罪行。古罗马的辩论教育也强调，我们需要的不仅仅是雄辩之士，更重要的是善良的人。历史上的一些恶名昭彰的人物，如希特勒和墨索里尼，都是擅长煽动情绪的演讲家。我们必须认识到，口才背后的道德观念和价值观至关重要。我觉得中国教育界提出的"立德树人"非常好。如果我们把孩子的口才素养当作一个冰山，我们看得见的是冰山的上面，也就是西方一直重视的三个东西：语言、逻辑和修辞。从语法看语言能力，从逻辑看知识，从修辞看表达，这三个要素成为西方口语表达的三个基本学问和知识。但这只是冰山的一角，只是冰山上面我们看得见的东西，别忘了，更重要的是冰山下面看不见的道德观、价值观、批判思维、问题解决能力、沟通、合作、理解、尊重和文化素养，这些更是口才教育要关注的。

第三，教学活动和口才培养相结合，跳出表演上的热闹，深入推动思维能力和批判思维能力的提高。培养卓越的口才，要通过有效的教学活动，并且和课外实践相结合，大家也提到了这点。我想谈一点自己的感觉。我看到大会的每一个演讲都非常完美，但是给我的印象，只是表演，总感觉缺乏一种深层的东西。所以我提倡，我们在培养孩子口才的时候，不仅要注重表面上的口才表演，更要注意思维能力特别是批判思维能力的发展。我希望能够做到尽快过渡，从表演的口才进入批判的口才。做到了大声朗读，有表情地表演台词，有声有色地讲故事，当然好，但这只是表演口才。批判性口才更有价值，它不同于表演口才，是参与学习的一种过程，以批判的眼光来参与学习，通过批判的思维，表达自己的观点，达到理解知识和沟通知识的目标。卓越口才培养，不能仅仅停留在我能背什么，我能演什么，更重要的是，无论是讨论、演说，还是戏剧表演，都要始终有一种挑战责问、归纳演绎这样一系列的逻辑思想和批判思想的培养融合在里面。我觉得这是下一步新教育应该做的——跳出表演上的热闹，深入推动思维能力和批判思维能力的提高，不仅注重口才表达的技巧，更关注批判性思维的发展。

第四，个性化口才培养至关重要，我们需要卓越的个性化口才教育。这次演讲的学生，给我的印象都是好学生，拔尖再拔尖的好学生。但是我更喜欢看到一些案例，一些不够优秀的学生，也能通过口才培养，出现一系列的变化和发展。人工智能时代的到来，已经为我们创造了一个条件，可以根据学生的发言和表演，提供适应性的教学、适应性的建议，推动有计划的、高质量的、个性化的口才教育。

最后，让我们继续勇于探索，将课程、课堂、学校和社会融合起来，实现卓越口才培养的整体化和多样化。让我们一起努力，为新教育的发展添砖加瓦！

第三部分

区域叙事（上）

以新教育实验推动徐州教育高质量发展

江苏省徐州市教育局　石启红

现在教育最突出的问题是中小学生太苦太累，办学中的一些做法太短视太功利，要加快建成平等面向每个人的教育，努力使每个人都能接受良好的教育。要加快建设适合每个人的教育，努力使不同性格禀赋、不同兴趣特长、不同素质潜力的学生都能接受符合自己成长需要的教育。新教育实验为我们提供了解决这些矛盾问题、开启教育高质量发展之门的钥匙。着眼于"全面提升教育质量，培养德智体美劳全面发展的社会主义建设者和接班人"，2021年5月，徐州市整体加入新教育实验区。新教育进一步点燃了徐州教育人的理想和激情，激发了广大师生的梦想和创造力。全市教育系统深入贯彻习近平新时代中国特色社会主义思想和党的二十大精神，践行新教育"过一种幸福完整的教育生活"核心理念，坚持项目驱动、融合推进，加快建设高质量教育体系，教育教学质量大幅攀升，教育格局显著优化。下面，重点汇报三个方面的内容。

第一个方面，坚持优质均衡，夯实新教育实验的基础。

高质量的教育体系要为所有人提供优质的、均等的教育机会。徐州是教育大市，有各级各类学校2462所，在校生222万人，基础教育在校生185万人，居江苏首位。近年来，市委市政府把教育摆在经济社会发展的突出位置，宋书记亲自召开全市教育高质量发展推进大会，全市大力实施"建学校、招老师、提质量、抓整治、促均衡"五件大事,创新实施"彭城好课堂"建设、"彭城好老师"塑造、"彭城好爸妈"成长、"彭城好学子"培育四大工程,促进城乡教育高质量发展,为新教育实验打下坚实基础。

一是扩大资源促均衡。建立基础教育资源预警机制,出台中小学投资建设管理机制、学校建设项目和教育装备及信息化支出标准等一揽子文件,提出"每年投用100所学校、招补5000名教师"。2017年以来,全市新建中小学157所、幼儿园536所,改(扩)建中小学、幼儿园455所,招补在编教师24779人。普惠性幼儿园覆盖率达到93%,优质高中覆盖率达到85%,义务教育标准化学校实现全覆盖。

二是建强队伍激活力。新教育以教师成长为起点,最大的成功在于唤醒和激励越来越多的教师从沉睡中醒来,发现自我、释放潜能,实现生命的超越。为培养越来越多的"彭城好老师",我们创新师德师风评价办法,开展"彭城恩师"评选活动,由学生评选对自己产生积极影响的先进教师典型,"师德好不好,学生说了算",先后评出"学生心中的恩师"7461人,在此基础上遴选"彭城恩师"883人,强化爱生敬业、潜心育人的导向。改革教师专业成长体系,实施青年良师、带头优师、领军名师"三师工程",建立三年一轮的教师全员培训体系,点燃教师进步激情,全市名优骨干教师数量居全省前列。完善教师发展保障机制,破除"五唯"痼疾,改革职称评聘办法,凸显"上好课就是好老师"的导向。出台《"初心坚守"最美乡村教师褒奖实施办法》,2019年以来,全市4000余人受到褒奖,发放奖金4000余万元,激励更多教师扎根乡村、奉献教育。

三是创新机制保公平。全市乡村小规模学校和乡镇寄宿制学校改善工程全面收官。组建155个教育集团,覆盖902所学校,惠及103万学生。启动县域质量振兴行动,开展"抓质量、千校行",实施新教育实验专项视导，促进育人水平整体提升。推动信息技术与教育教学深度融合，大力建设"数码社区"，打造"空中课堂""专递课堂""农村学校音美教学扶智工程"等品牌，构建城乡网络学习共同体，以数字化赋能新教育。本市鼓楼、云龙、泉山等主城区都承担了教育部实验区建设任务或试点项目，全部创成"江苏智慧教育样板区"。

第二个方面，坚持融合推进，拓宽新教育实验的路径。

行动是最有力的语言。徐州新教育坚守理想主义和田野行动，以"项目驱动、融合推进"为行动哲学，将徐州丰富的教育资源、鲜明的改革品牌与新教育十大行动紧密融合，有传承，有创新，拓宽了新教育内涵发展的路径。

一是注重顶层设计。出台《徐州市新教育实验实施方案》《徐州市新教育学校建设指导意见》等文件。形成推动新教育"三驾马车"模式，即教育行政部门"主要领导亲自部署、分管领导直接负责、专门机构具体承办"。徐州市教育局新教育实验办公室现有专兼职人员8人。同时，设立专项经费，2021—2023年投入新教育实验经费近500万元。

二是注重榜样示范。培育种子，成立新网师徐州学习中心，首批招收学员1200人，他们必将会在新教育的沃土里生根发芽、拔节生长。选树典型，遴选出第一批全市新教育实验优秀单位55个、先进个人110名，评选了"十佳智慧校长""十佳榜样教师""十佳完美教室""十佳卓越课程"。

三是注重项目驱动。项目站住了，新教育就落地了。近几年来，徐州市已经开展营造书香校园、培养卓越口才等市级十大行动专项培训10次，县（市、区）举办了6场学习交流和现场推进会。以项目组、工作室建设为引领，确立领衔学校和工作室领衔人，以课题研究为方向，组建项目研究团队，抱团发展，引领新教育十大行动做深做实。2023 年，我们开展了全市新教育实验项目领衔校申报工作，217 所中小学幼儿园踊跃申报，通过层层遴选，最终评选出新教育实验项目领衔学校 22 所。

四是注重融合推进。我们以"榜样引领、培训先行，融合推动、特色发展"为原则，以十大行动为抓手，开展多轮培训，通过现场会示范引领、项目组领衔深耕，推动新教育实验高开高走，避免"两张皮"和另起炉灶、推倒重来的现象。各地、各校将优秀的教育资源与发展愿景高度融合，走出自己的发展道路。目前，全市 80% 领衔项目和 70% 校本课程都与本地、本校的历史资源紧密结合，90% 以上的学校将非遗项目引入校园。

五是注重创新发展。创新"营造书香校园"路径，做亮新教育底色，我们开展"爱读书、读好书、善读书"活动，建立校园书廊，举办"汉之源"阅读节，探索开展海量阅读、全科阅读、数字阅读活动，引领教师"以读促教、以读促研、以读促写"，引领学生"晨诵、午读、暮省"，引领家长亲子共读，让老师、学生、家长从经典中感悟人生，知道在校园里有比分数更重要的东西，在校园外有比生存更重要的东西。创新教师培养路径，实施"未来之师摇篮工程"，在徐州幼专、徐高师等师范院校开设新教育课程，从源头上培养新教育教师。创新学校引领路径，与新教育管理机构深度合作，整体托管徐州新教育学校。创新媒体合作路径，联合徐视融媒体集团、徐报传媒集团，打造《彭城师说》《家有儿女》《汉风号彭城好爸妈》等栏目，为榜样教师成长、学习型家庭建设提供平台。

第三个方面，坚持特色发展，创生新教育实验的样态。

徐州市锚定建成"全国新生命教育示范性基地"和"全国家庭教育标杆性实验区"目标，聚焦新生命教育和家校共育，走出了一条新教育特色化发展之路。

一是全力推动新生命教育。我们以科学研究为引领，筹建新生命教育研究与指导中心，组建新生命教育专家库、师资库，出台《徐州市新生命教育实施意见》，加强专项科研课题建设，科学系统地引领新生命教育全面展开。我们以专设课程为主导，探索构建学科渗透、专题教育、特色课程、综合实践有机结合的新生命教育机制，围绕生命"长宽高"三个维度，构建六大板块108个主题的教育体系。编写《新生命教育实践指导手册》，选配教材和实验用书。我们以场馆建设为抓手，支持校地联合、行业协同，因地制宜建设生命标本馆、自然生态馆、消防地震馆、交通体验馆、国防教育馆等新生命教育专用场馆，通过"活动、体验"的方式，将新生命教育的核心内容直观化、形象化。

我们不断丰富新生命教育的内涵和外延，针对学生生命健康安全问题严峻复杂的新形势，在省教育厅的统一部署下，开展"润心行动"。市、县两级政府建立了关爱青少年生命健康联席会议机制，市教育局成立了德育与心理健康教育研究中心，所有县（市、区）都设立了未成年人成长指导中心，所有学校都建立了心理辅导室，每所中小学至少配备一名专兼职心育教师。全市教育系统定期组织中小学生心理健康普查活动，对心理异常学生进行即时评估和干预。编写《心理防护指导手册》，与广电集团联合推出心理健康访谈节目《心桥》，面向社会普及心理健康教育知识。

同时，徐州市创新实施"一表五清两制"个性化关爱行动。"一表"就是特殊学生情况调查登记表。"五清"就是全覆盖摸排五类特殊群体学生，即单亲、离异、留守、随迁家庭的学生；有先天性疾病、体质异常的学生；存在心理问题的学生；家庭困难的学生；学习压力大的学生。精准掌握学生家庭、身体、心理异常状况，为每个有特殊情况的学生建立个性化关爱档案。"两制"就是在推行教师关爱全员导师制和同学互助全员伙伴制的基础上，为五类特殊群体学生各选配一名有爱心、有经验的心理教师或思政课教师作为成长导师，每周至少谈一次心，每学期至少家访两次，同时安排品学兼优的学生与之结为互助伙伴，加强对其日常学习和生活的关心帮助，做到"教师人人是导师，学生人人有导师，学生人人是伙伴，学生人人有伙伴"。我们先后选配重点伙伴9.8万人，选配重点导师3.1万人，建立"红黄蓝"三色预警机制，通过观察、谈话、家访等方式，及时开展针对性、个性化、亲情化的教育疏导和危机干预，帮助学生疏解学习压力，正确处理与家长、同学、老师的关系。

二是扎实抓好家校合作共育。徐州市出台《"彭城好爸妈"成长工程实施意见》，提出健全工作机制、丰富课程资源、加强科学研究、建好家长学校、培育骨干力量、拓展活动载体、完善网络平台、推动持证上岗八项任务。启动新教育实验后，家校合作共育行动为"彭城好爸妈"成长工程注入了新动能、新活力，实现迭代升级。为完善家校共育工作体系，建成1个市级、11个县级家庭教育指导中心，全市2000多所中小学、幼儿园全部成立了家长学校和家长委员会，实现市、县、校三级家长学校和学校、年级、班级三级家长委员会全覆盖。大力培育家校共育骨干力量，培训培养家庭教育指导教师2058人，选聘120位市级首席家庭教育指导教师。将家庭教育指导能力纳入班主任基本功大赛，作为各级各类评优评先、职务职称晋升的重要依据，调动了广大教师开展家庭教育的积极性。努力丰富家校共育服务资源。"彭城好爸妈"学习平台已经覆盖全市所有县（市、区）和中小学校，向家长持续推送科学家教、心理健康、安全法治等微课讲座。联合报业集团"汉风号"，自主开发"彭城好爸妈"数字微课程，录制课程135节，累计播放量超过300万次。推动创新家校共育激励机制。深入开展"千校万师进家庭"家访活动，出台《徐州市中小学家访工作实施意见》，明确每位老师每月走访3~5户家庭，每学年实现学生家访全覆盖。创新家长"持证上岗"制度，对每年完成20课时学习的家长颁发课程结业证，向连续三年获得结业证的家长颁发学习型家长荣誉证，对子女教育成效突出的家庭授予"科学家教示范岗"称号。全市已有160万名家长坚持在线学习，40万名家长获得结业证书，"家长好好学习，孩子才能天天向上"的理念深入人心。徐州各地家校共育蓬勃开展、多点开花：新沂市"家长大讲堂"录制节目近200期，总点击量逾3亿人次；云龙区构筑全方位、立体化的"1234"家校共同体新模式；泉山区全面推进"大家访"活动；鼓楼区率先建设家校共育校本化课程；经开区构建家校共育"510工程"；沛县成立"新父母学院"，开设新婚夫妇育儿课程；邳州市开展"一封家书两地情"活动，关爱留守儿童；贾汪区开设"爷爷奶奶课堂"，助力解决隔代教育问题。

　　理想的色彩、务实的行动、公益的情怀、坚守的精神，使徐州教育日新月异。因为新教育，徐州教育才更加精彩。让我们在习近平新时代中国特色社会主义思想指引下，深入推进新教育实验，拼搏进取，进位争先，既做一个执着坚守的理想主义者，又做一个深入田野的孜孜耕耘者，加快建设高质量教育体系，努力办好让人民满意的徐州教育！

卓越口才，让生命"蓓蕾"绽放

江苏省徐州市铜山区新区实验小学　许文

作为一名小学语文老师，我深知：语文教学既要发展学生"语"的能力，又要培养学生"文"的素养。但教学时，我常常对"文本解读"投入过多，对"语言表达"关注很少。究其原因，对学生来说，读进去容易，但说出来，真的很难。

这该怎么办呢？如何才能把课堂变成培养口才的主阵地？我开始查阅资料、阅读书籍，并多次参加新教育卓越口才的培训。我渐渐懂得，卓越口才是金字塔的塔尖，它不仅需要"诵""吟""讲""演""辩"等基本的表达技巧，更需要"丰厚的文化底蕴""充沛的情感体验"和"扎实的写作能力"作为支撑。

渐渐地，一个完整的课程体系在我的面前展开。

路径	内容	具体安排
以读厚说	主题阅读	神话故事：《中国古代神话故事》《希腊神话故事》
		童话故事：《安徒生童话》《宝葫芦的秘密》
		民间故事：《中国民间故事》
		古典名著：《西游记》《三国演义》
以事润说	专题实践	班级说：道德大讲堂、诗歌游园
		校园说：国旗下讲话、小小讲解员
		生活说：跳蚤市场、好物交换

续表

路径	内容	具体安排
以写促说	话题写作	神话故事创编
		童话故事改编
		民间故事新编
以练善说	口才活动	金声玉润（朗诵）
		能说会道（讲故事）
		侃侃而谈（演讲）
		能言善辩（辩论赛）
		惟妙惟肖（情景剧）

为了更好地推进口才教育，我把我们班的妙语课程与新教育的"晨诵·午读·暮省""活动庆典"紧密结合，有计划地开启了"妙语班"卓越口才的发展之路。

一、晨诵学说：聆听最美的声音

对于没有口才基础的孩子来说，从朗诵开始训练他们的表达技巧是最好不过的。于是，每天晨诵，我会根据学生的特点精心指导。从方言的夹杂到普通话的正音，从语气的直白到语调的饱满，从肢体的僵硬到情感的充沛，每一处细节，我们都精心打磨，不断调整。每天清晨，我们的教室里，童音环绕。校园里的"朗诵亭"成了我们班孩子最爱去的地方，他们乐于在那儿放声吟诵。孩子们还自发组织了"寻找最美声音"视频征集活动。最让我惊喜的是一个小姑娘，她性格内向，极其安静，是我们班有名的"慢蜗牛"。但一次晨诵时，我发现，她看向领读同学的眼神里满是羡慕，还小声地跟着复诵。看着她闪闪发亮的眼睛，我被深深触动了：是啊，每一朵蓓蕾都渴望绽放，即便内向的孩子，也渴望说话；角落里的孩子，也想站在舞台的中央。我摸了摸她的小脑袋，十分坚定地说："孩子，有没有人告诉过你，你的声音真的很好听！"从那天起，这只安静的"慢蜗牛"开口高歌了。让孩子想说、敢说，做最好的自己，这不就是卓越口才的魅力吗？

二、午读厚说：汲取最美的智慧

围绕新教育提倡的午读，我们开展了"以读厚说"活动。主题阅读，能充实学生的知识储备，实现表达的深入。所以，每天中午，就是我和孩子们畅游书海的时刻。结合教材，考虑学生的喜好，我设计了四个主题阅读系列活动——

神话系列：《中国古代神话故事》《希腊神话故事》；

童话系列：《安徒生童话》《宝葫芦的秘密》；

民间故事：《中国民间故事》；

古典名著：《西游记》《三国演义》。

有了阅读作支撑，每每谈到他们精读的主题，孩子们就打开了话匣子，个个侃侃而谈。我顺水推舟，将讲台化作孩子们讲故事的舞台。课前5分钟，他们可以尽情地展示自己，相互聆听，相互评价，以听学说。同学们从最初的目光闪烁、声若蚊蝇，到后来的表情丰富、语气夸张，尝到了能说会道的甜头，扬起了自信的风帆，连腰杆都比平时直了几分。

三、暮省促说：探寻最美的表达

当然，我不满足于学生原生态的表达。暮省时刻，我会和孩子们一起探寻最好的表达。辩论能引领学生在思辨中搜集素材，在创写中完善稿件，在合作中获得成功。于是，以辩善说应运而生。

记得第一场辩论赛，题目是"夸父追日值不值得我们学习"。我们班的"话痨王"李佳山同学，信心满满地阐述着夸父那种不达目的誓不罢休的精神如何值得我们学习。但对方辩友一句"没有计划，逞匹夫之勇注定败北"，就让他哑口无言。课后，他追着我，向我讨教辩论赛上驳倒对方的方法。我耐心地告诉他，好的辩论需要好的文稿，要主题鲜明、逻辑清晰、案例典型，多用短句和排比，另外在表达上做到语速稍快、抑扬顿挫、掷地有声。李佳山同学如获至宝。在"愚公移山是否能成功"的这场辩论中，他积极搜集素材，反复修改文稿。比赛时，他眼神中传递出满满的自信，整场下来，或妙语连珠，或激昂陈词，或旁征博引，尽显卓越口才的魅力，让我也忍不住赞叹：后生可畏，焉知来者之不如今也。

四、活动练说：绽放最美的生命

系列活动的滋养让卓越口才的种子悄悄地生根、发芽，又悄悄地拔节、生花。六一庆典，这群自信心爆棚的小家伙，竟然想自己创编表演课本剧。我当然不会放过这个以演练说的好机会。提议一出，同学们就紧锣密鼓地筹备起来，分组、选内容、改编剧本、制作道具、定角色、排练，个个兴致盎然，活力十足。孙悟空的扮演者，就连扫地时都要冲着纸屑大喊一声："看俺老孙这就收了你！"然后再耍上一阵"扫帚牌金箍棒"才满意。不少同学一次次找到我，探讨人物形象，斟酌人物说话的语气。表演那天，同学们个个脸上放光。你别说，大家还真的都是小编剧、小明星。一篇篇课文被搬上舞台，一个个小演员尽情发挥，他们灵动的表现力和感染力，让台下的观众也融入剧中，随着剧情时而欢呼雀跃，时而瞠目结舌，时而激情满怀。

回顾过往，我不断摸索，在卓越口才的道路上，从最初的不知所措到现在的创意频频。

我们会利用早读，不定期地举办诵读比拼活动。

语文课上，依托教材开展"说新闻""评新闻"等即兴演说。

延时阶段，我们在"跳蚤市场""道德大讲堂"做"小小讲解员"。

晚间时光的亲子阅读银行打卡也得到了积极响应。

围绕传统节日，我们还开展了"创编诗歌送母亲""主播说节日"等活动。

艺术节、辩论赛、阅读节，我们屡获佳绩。我这个语文老师，摇身一变，成了孩子们最忠实的观众。他们用自信的笑容、纯真的泪水告诉我，文字与声音的力量是多么强大。

为了将语言化作美妙的音符并留痕，我们将培养卓越口才的视野向网络延伸。孩子们自编自录的口才小视频，不仅收获好评，还数次被官方公众号转载。

我和李若姗同学受到《家有儿女》栏目组的邀请，讲述了与卓越口才相遇的故事。

现在，卓越口才已经成了我们"妙语班"的独特印记，也成了孩子们生命成长的独特密码。

朱永新教授说："往小了说，口才可以增加自信、改变人生；往大了说，口才足以改变命运和历史的走向。"是啊，卓越口才，它充满着张力，流淌着盎然的生命力；它是核心竞争力，是对孩子们一生有用的东西。培养卓越口才，孩子们会将笔下的文字演绎成华彩绚丽的乐章，将头脑中的思想幻化成蓬勃向上的力量。我醉心于此，甘之如饴。我相信，拥有了卓越口才，孩子们一定能活出更加幸福丰盈的精彩人生！

生命中的那束光

江苏省新沂市瓦窑镇中心幼儿园　徐小
江苏省新沂市棋盘镇第二幼儿园　张岩

一、遇见那束光

徐小：我是一名普通的幼儿教师。2017年9月，我放弃了区里已经考上的编制和离家较近的工作，毅然选择来到新沂。有人问我为什么会选择新沂，我说我是追光来了。

报到的第一天，我转了两次车来到瓦窑，满怀憧憬地奔向这片我即将开启人生新篇章的土地。我的幼儿园会是什么样呢？我的园长会很严厉吗？就这样，我一路幻想，一路打听，终于看见了瓦窑镇中心幼儿园的大门！站在门口迎接我的是赵霞园长，她的热情让我这颗紧张的心慢慢地放松下来。不一会儿，园长叫来一位胖乎乎的男老师把我领到了新班级。就这样，我成了大四班的班主任。

张岩：没错，那位胖乎乎的男老师就是我。我叫张岩，2016年9月，作为新沂市首批招聘的四名男幼师之一，从苏州幼师毕业后加入瓦窑镇中心幼儿园这个温暖的大家庭。作为建园以来的第一位男教师，我被孩子、家长甚至是同事投以好奇的眼光，像是看稀有动物一样。由于离家较远，学校为我安排了住宿，教室、宿舍、办公室，构成了"三点一线"，我的生活像是行走在时刻表上一般井然有序。可是她的出现,打乱了我的独居生活。作为一名客籍教师,她被安排住在了我的楼上,从此我们成为"上下铺"。当然,中间隔着厚厚的一层水泥板,她住三楼,我住二楼半。

徐小:我的住宿问题在各位同事的热心帮助下很快得到了解决,可是工作上的难题又来了。刚毕业的我对新教育一无所知,如何缔造一间完美教室?怎样才能和孩子拥有共同的语言密码?如何过一种幸福完整的教育生活?我陷入了迷茫。

张岩:这时候我又出现了,赵园长给我的任务就是事事关心新同事。每天晚上,我都看到这个小丫头探头探脑地出现在教学楼里。通过交流,我知道了她的困惑,于是决定帮帮她。我帮她购买了《0—8岁儿童学习环境创设》等幼儿园专业书籍,还专门送给她朱永新教授的《新教育》《我的教育理想》等著作。我们一起研读每一章节的内容,边读书,边实践,通过专业阅读,在摸索中前行,在行动中收获。

徐小:在阅读过程中,我不断反思。当思考我该如何从教育生活的碎片中提取有意义的东西并形成经验,使我的教育实践更加富有洞察力时,他向我传授了他的独字"箴言":写!看着他那一个个文件夹,我深受震撼,于是写教育随笔,写课程故事,在美篇上记录孩子的所有节日和庆典,几乎成了我每日必备的功课。就这样,我把这些碎片拼合成美丽的图景,以现在求证未来,让生命幸福、完整!

张岩:只要上路,就会遇到庆典。她为孩子们精心缔造的教室被幼儿园认可,在2019年全国新教育实验区工作会议现场展示,并在徐州市课程游戏化现场会等活动中作为幼儿园重点班级开放。2020年7月,她缔造的"芽芽班"在新沂市"第四届完美教室"评比活动中荣获"十佳完美教室"称号。

二、沐浴那束光

徐小：成长总伴随着挫折与问题。作为新教师，我在专业成长的路上总会有那么多的不知所措。一天，当我怀着勤能补拙的心理走进办公室的时候，又发现了熟悉的身影。

张岩：没错，还是我。由于白天我要负责学校的体智能工作，所以晚上的办公室就成了我撰写新闻稿、策划活动的主场。在写作过程中，我深知只有不断地追求卓越，挑战自我，才能作出非凡的成就，拥有辉煌的人生！

徐小：我们在各自的岗位上坚守着、努力着，共同做着一个有关新教育的梦！

张岩：在2019年新教育实验开放活动中，她负责解说，我负责活动设计。虽困难重重，但也多了份"男女搭配，干活不累"的可爱模样。我们废寝忘食，精心筹备，经过半年的努力，最终为来自全国各地的学前教育同仁提供了一个精美的开放现场。

徐小：只要行动，就有收获。在那次的新教育实验开放活动中，大家最为津津乐道的就是展示活动的各个环节。然而，对我来说，除担任解说员获得磨砺之外，更大的惊喜莫过于收获了我们的爱情。

张岩：起初我们在一起时，听到的大多是反对的声音。我长得不够帅，年龄比她小三岁，最重要的一点便是我的工作。很多人觉得一个大男人在幼儿园里带孩子，没前途。

徐小：这种对男幼师的偏见毫无疑问成为我们爱情路上的"绊脚石"，我的家人包括同样从事幼教工作的小姨都坚决反对我们交往。2019年4月，还是那次新教育实验开放活动，我邀请小姨和她幼儿园的老师全程观摩。她被我们幼儿园的新教育展示活动彻底地震撼到了！别具特色的足球操，视角独特、配音醇厚的宣传片，活力四射的足球比赛，随处可见他的才华。回去以后，她向我的家人说起了我们的游戏化课程和开放现场，当然也说起了这个男孩和他的成长故事。最后，我的小姨说了这样一段话："今天我听到那个孩子讲述的成长故事，我都没敢抬头看他。当他讲到因为世俗的眼光而被否定的时候，我总觉得有点不好意思。我们这样随意辜负一个孩子的梦想，我觉得特别对不起人家。"

张岩：就这样，两个尺码相同的人走到了一起。

三、成为那束光

徐小：有了家人的支持，便有了一往无前的勇气。

张岩：我只是众多男幼师中渺小的一员，希望以自己微弱的光给这个群体带来力量，让更多的人走近男幼师，了解男幼师，让他们知道我们的幼儿园中不光有女教师的耐心和温柔，更有男教师的阳刚和力量。我们决定组成一个属于我们的联盟。经过三个多月的筹备，2017年9月30日上午，我们的"共同体"迈出了第一步——新沂幼儿园男教师俱乐部在瓦窑镇中心园成立了。领导支持、同仁信任，我成为俱乐部的部长。俱乐部的成立为男幼师的专业发展提供了广阔的平台，新教育更是使我们每个人散发着光芒！

徐小：在新教育的指引下，在领导和同事的悉心指导下，近年来，我们的专业发展渐入佳境。

张岩：如今，她的专业发展也是突飞猛进，现在已是单位主要业务负责人。2021年2月，我调入棋盘镇第二幼儿园主持工作。在如今的岗位上，我带领我园教师继续追寻教育生命中的那束光，培养了一批年轻骨干教师，完成了幼儿园向省优质园的蜕变，幼儿园也荣获了2021—2022学年度细则评估一等奖。

徐小：在 2021 年的徐州新教育现场会上，听完我们的故事后，徐州市教育局教师工作处李进强处长为我们赠诗一首。正如诗中所说：走过一路的风雨和坎坷，洒下一路的温暖和花香，播下一路的种子和希望，收获一路的幸福和荣光！感谢新教育，让我找到那束光。

张岩：感谢新教育，让我成为那束光。

徐小：生命中的那束光，照亮你我前行的方向。感谢新教育，让我们绽放出生命的光芒！

用心蔓延家的味道

江苏省徐州市沛县实验学校　李钰

顾城有一首小诗，我特别喜欢：

草在结它的种子
风在摇它的叶子
我们站着
不说话
就十分美好

我想，这首诗和我们的新教育是相吻合的。孩子的成长是美好的，作为教育者，我们应该享受孩子的这种成长，而新教育最大的成就，就是点燃了孩子的理想与激情，让他们感受到学习可以如此美丽，学习生活可以如此幸福。

作为一名初三毕业班的老师，面对中考的压力，说实话，我从没觉得教育是一件幸福的事情。直到和新教育相遇，慢慢走进它，深入学习，我才知道教育原来也可以如此美好。

一、构建形象符号系统，让教室成为独特的"家"

幸福的教育从"缔造完美教室"开始。班会上，我向学生征求意见,让全班同学一起商量班名、设计班徽、选出班歌、定出班训,其实就是想让所有同学对班级有崭新的认识和定位:我们的家,我们做主。我以为会有很多同学懈怠,但是孩子们纷纷表示:家里怎么能没有书呢?我们可以带自己喜欢并有意义的书设立图书角;我们可以带自己喜欢的花和手工装扮教室;我们喜欢紫藤,它枝干丑陋,但是却能向上攀爬。从那以后,九年级五班有了一个好听的新名字——"紫藤班"!很快,一个漂亮温馨的"紫藤班"呈现在了我们眼前。

一面面班级文化墙熠熠生辉。进入班级,首先映入眼帘的是我们合影留念的冠军荣誉照。我把它打印成比课桌还要大两圈的照片,这样一张大大的全家福张贴在后黑板上,周围贴满了同学们体育训练时的精彩瞬间、获奖时的开心笑脸,连睡觉时的百般睡姿也被记录了下来。同学们下课时,看到照片就会回忆起当时各种有趣的故事。

我们的"家"有了自己独特的文化价值系统,有了和别人不一样的味道。这个缔造过程正如朱永新老师所说的,"是一段生命旅程的见证"。

二、擦亮每一个日子,让教室成为生命绽放的"家"

擦亮每一个日子,让"家"里时时充满生命的芬芳,更是一种幸福。

比如生日便签。我收集了所有同学的生日信息,制作成一个个生日便签,张贴在教室里。谁的生日到了,就可以到紫藤兑换站兑换自己喜欢的奖励,如减免作业、生日歌、零食、文具或者心愿达成。生日这天的精彩不只是心愿的兑换,更多的是孩子们付出的温暖,如给健康保卫站添加体温计、创可贴、酒精、小纱布等小物品。师徒结对站里,孩子们形成互助帮扶小分队,互帮互助、共同进步。

这样的日子绽放着生命的精彩，处处洋溢着家的温情。

再如我们的"夸夸日"。一个孩子在生日那天的兑换触动了我的心灵，让我有了设立班级节日这一行动。

2022年10月5日是雅婷的生日。到她兑换自己的心愿时，她扭扭捏捏，欲言又止，小声说："老师，我不想兑换了。"正当大家诧异时，她继续说："我能不能申请把这次兑换的机会送给我的师父？她经常帮我讲数学题，一遍一遍地，不厌其烦，从来不嫌弃我笨，还经常鼓励我。在她的帮助下，我的数学进步30多分了，所以我很感激她。"性格开朗的甜甜开心地站了起来："那我可不客气了，我的心愿是我和我的徒弟一人一张免作业券。"最后，甜甜的愿望实现了。

家人之间不就是这样互相关爱吗？

因此，我和班委商量把每个月的5日定为"夸夸日"——我们自己的节日。班级节日的设立，给了孩子们精神上的引领。这个"家"更加融洽、更加和谐了。

爱特在我班是一个特殊的存在，他的言行举止就像一个四五岁的孩子。柯延经常拿着纸巾给他擦鼻涕，嘴里还引导着"使劲儿，像我这样……"早读课上，我默默地拍下了他们的照片。还有体育训练，柯延也像模像样地演示着。每每看到，我都会心一笑，内心是欣慰，更是激动。我相信这种生命的精彩，一定会在"家"里蔓延、绽放。

三、研发班本课程，让教室成为萦绕书香的"家"

生命的精彩还需要"腹有诗书"的充盈，完美教室的"图书角"是孩子们"气自华"的地方。在这里，孩子们博览群书，还可以开展主题阅读活动。朝气蓬勃的春天，我们一起读《安妮日记》《艾青诗选》；硕果累累的金秋，我们一起读《我们仨》《天地九重》。

学生沉浸阅读，教室萦绕书香，我们又一起研发了班本课程——智识课程"怒放紫藤"。结合中考名著，融合紫藤积极向上的精神，契合理想课堂的三重境界，孩子们读、思、写、悟。"班本课程"和"理想课堂"互促互进，孩子从知识的获得转换为生活的丰富、生命的丰盈。

说到考试，其实我的耳边总有很多声音在质疑：带毕业班还搞新教育，多影响孩子的考试呀？但是我要说，2022年初中学业水平考试中，我班55位同学中有32人考入城区四星级高中，家长联合送来了锦旗，盛赞新教育创造了奇迹；23人进入其他高中，也创造了学校升学的奇迹。骄人的成绩，不仅让我，也让其他人认识到了新教育强大的力量。我们不追逐分数，但不惧怕考试，分数是给我们最好的奖赏。

四、创新期末庆典，让教室成为解读共育密码的"家"

孩子们两次在班级和报告厅举办期末庆典，我们也能感受到孩子们的骄傲和自豪，因为这是他们的节日，是他们成长经历、学习生活的总结，更是他们永存心间的一抹亮色。

期末庆典其实体现着新教育的生命特色，它不是为过节而过节、为仪式而仪式，而是一种亲子互动的温暖方式，是解读共育密码的诗意展现。

回头看，其实没有什么惊天动地的大事，只是用心锤炼自己的每一个平凡的日子。《小王子》一书中说过，重要的东西是眼睛看不见的。我想，在这普通的教室里，一定有些什么是我们看不见的，但却深深影响了孩子们的生命。新教育让我学会去发现每个学生的美，让我用心和爱去感悟班级里每一个鲜活的、努力向阳的可爱生命。

煎饼：家乡的味道

江苏省徐州市贾汪区汴塘镇中心小学　刘玉

序　言

《煎饼赋》吟诵：

溲合料豆，磨如胶饧。扒须两岐之势，鏊为鼎足之形，掬瓦盆之一勺，经火烙而滂澎，乃随手而左旋，如磨上之蚁行，黄白忽变，斯须而成。"卒律葛答"，乘此热铛。一翻手而覆手，作十百而俄顷。圆如望月，大如铜钲。薄似剡溪之纸，色似黄鹤之翎，……味松酥而爽口，香四散而远飘。

生：同学们！我们说的是——煎饼！

师：同学们好！

生（齐）：老师好！

师：同学们，你们可真棒！家乡的味道，是几句乡音、一口乡愁；家乡的味道，是道不尽的酸甜苦辣、隔不断的万水千山。每个地区的饮食文化是不同的，而这些美食既是当地文化的重要标识，也是中国传统文化与历史发展的见证。今天，我们就带领大家一起开启家乡味道的探寻之旅！

一、汴塘煎饼的前世今生

师：刚刚你们吟诵的是蒲松龄《煎饼赋》中的片段，有谁知道这段赋描写了什么内容吗？

生1：老师！我知道！描写的是煎饼的原料、形状和制作过程。

师：可见，在历史上，煎饼很早就出现在我们祖先的餐桌上了。

生1：老师，我还知道，煎饼最早是诸葛亮带兵被围时创造出来的吃法。

生2：不仅如此，早在700多年前的明朝万历年间，就出现了对汴塘煎饼的文字记载。

煎饼在淮海战役徐州战场中也发挥了重要作用！因为煎饼用粗粮制作，薄如纸，嚼得香，耐储存，制作简单，易携带，作为军粮，非常实用，在艰苦的战争中大大解决了军粮补给问题。

生3：小伙伴们，你们知道煎饼用贾汪话怎么说吗？史料记载，煎饼原来叫"鏊饼"，最早是由小米制成的。现在，它可以由全麦、大豆、高粱、玉米等多种谷物制作而成，营养全面，均衡膳食。

生4：煎饼可卷万物！日常生活中，可以用煎饼卷着吃的食物有很多，你们知道都有哪些流派吗？

生3：我发现老人喜欢煎饼卷白糖、大葱、盐豆子、萝卜干，撒上一点芝麻盐，我把这样的吃法归为忆苦思甜朴实派；我和爸妈喜欢卷土豆丝、炒鸡蛋、豆芽粉丝等家常菜，我们这样的就属于中规中矩家常派。

师：你对家人的饮食习惯进行了总结，说得真好！

生2：我总结出干燥硬核炸物一派，他们喜欢卷油条、麻花、油馓子。

生4：我在研究过程中，还发现了一股清流，他们用煎饼卷香菜、卷饺子、卷方便面……就归为随心所欲奇葩派吧！

生1：就没人说说煎饼卷烧烤吗？当烧烤师傅把木炭放进烧烤架里，架上羊肉串，刷上一层油，然后撒上一撮孜然粉，再来一些辣椒面，徐州的夜生活就来了！

生2：我的口水都要流下来了。徐州可以算得上烧烤的鼻祖。瞧！这是一幅徐州出土的汉画像石的拓片，画的是汉代烧烤庖厨图，有庖人凭案宰牲，有厨人烧火作炊。这手持肉串进行烧烤的画面，生动地展现了汉朝当地人的饮食生活。这可能是中国关于烤串最早的史料记载。

生3：煎饼卷万物，徐州烧烤万物皆可烤，煎饼卷烧烤，生活多美好！

师：你们向史料寻求帮助，从生活中获得感悟，总结得很棒！老师无限地相信你们的潜力！

一串在手，这一口是缘分，下一口就是知交。一人、一城、一串、一叠，人与城市的性格如此相通，有情有义的徐州人不会让你失望。

徐州人适应力强，因为这座城市坚韧不拔。千百年来，天灾战乱，徐州城被黄沙埋了好几层，又被重建了好几次。徐州人热情好客，因为这座城市四通八达，古运河从这里流过，全国各地的风俗和美食在此汇聚。

同学们，煎饼卷烧烤的滋味有千般万种，但"交个朋友"是每一段旅程中永恒的追求。煎饼卷烧烤，是味蕾到大脑的连线，也是感官到心灵的升华，更是徐州城由内而外散发的自信、包容与活力。

二、煎饼：以勤持家的传递

师：同学们，下面我们就开启煎饼的探寻之旅吧，看看一捧谷子是怎样变成餐桌奇迹的。

生1：我家就有一位煎饼大师，那就是我奶奶。清晨，当全家人还在睡梦中的时候，奶奶已经开始忙碌了。

她说，面糊子、火候很重要，劈子抹匀补漏也很重要，沿边一推，顺手一揭，一张煎饼就出来了！

她还说，早起摊煎饼，一点儿不耽误白天干农活！

摊完煎饼，奶奶扛起锄头去下地，我背着书包去上学……

师：一张煎饼，代表了奶奶对家人深深的爱。孩子们，你们和奶奶之间还有其他关于煎饼的记忆吗？

生2：刘老师，我来说。我的奶奶也会摊煎饼。从我记事起，奶奶就顶着蓝色的头巾，坐在院子里，一摊就是大半天。农忙之前，摊一厚叠煎饼，够一家人吃好几天的。

生3：记得小时候，我经常坐在奶奶身旁看她摊煎饼。奶奶总是把第一张成型的煎饼拿给我吃。我非常感动，觉得那时的煎饼实在太香了。

生1：奶奶不仅把摊煎饼这个高超的手艺传给了我妈妈，还把勤劳持家的家风传递了下去。我们在学校的帮助下，来到了汴塘孟省村煎饼坊，这是我第一次看到妈妈工作的地方。

生4：在煎饼坊，我们不仅认识了五谷杂粮，还体验了用转磨和推磨磨出面粉的成就感。更重要的是，在煎饼坊阿姨示范后，我们还亲自体验了用转鏊做出煎饼的成就感。

在汴塘，我的妈妈，和像我妈妈一样的阿姨婶婶们，承袭了奶奶辈勤俭持家的家风，走出家门，用自己的手艺赚钱养家。她们是值得尊敬的巾帼好榜样！

三、煎饼：家乡的记忆

师：一张饼卷起百味人生。汴塘的煎饼，不仅是一种饮食，也是一种非物质文化遗产，更是一种对家乡记忆的情感寄托。

一方水土养一方人。以煎饼为主食的贾汪汴塘人，纯朴、大气、率真、豁达。圆圆的煎饼，浓浓的爱。汴塘人对煎饼的爱始终如一，对他们而言，煎饼就像乡愁，深深刻在每一位汴塘游子的心里，在味觉深处，也在记忆深处。

卓越课程造就卓越人生。孩子们，通过这次课程实践，你们的生活经验和生命体验不断丰富，不停激发，获得了勇于探索的创新精神、善于解决问题的实践能力、良好的体力，以及对生活、生命的感悟。我也在你们的成长中实现了自我超越。这也是这次课程汇报的意义所在。

一勺面摊开百姓民生，两只手画出世间繁荣！

新艺术之光照亮乡村孩子梦想之路

江苏省徐州市铜山区郑集实验小学　毛丹

我是一名乡村音乐教师，来自徐州市铜山区郑集实验小学。学校也是我和孩子们欢歌的乐园。

一、课程缘起：田野里的初见

提到音乐学科，我们经常会听到这样的评价：最快乐的学科，因为日子都在歌声中度过；最幸福的学科，因为没有考试和分数的困扰。没错，在那些不曾起舞的日子里，我也曾一度这样肤浅地认为。直到某一天，我的分管工作里出现了一位"新朋友"——新教育。起初，秉承着对工作负责的态度，我开始阅读新教育书籍。

在《做中国教育的建设者——新教育实验二十年》一书中，有这样一段话："新艺术教育的宗旨应该是儿童身心的解放和生命的幸福完整。新艺术教育的目的不是培养职业艺术家，而是源于儿童天性的自由发挥。"虽是灯火里的初见，但一句句温暖而有力量的话语，不断地撞击、唤醒我的师者之心。欢喜之余，亦是久久难以平复。

我开始思考：如何立足自己所在的乡村小学，立足自己的艺术教学，丰富乡村孩子的生命体验呢？在反复的研讨后，我与艺术组的同事们萌生了一个大胆的想法：我们要做乡村新艺术课程的建设者——创设郑集实验小学的大艺术课程群。

二、课程架构：使命的召唤

乡村学校拥有广袤的大地，有创造和探索的无限可能。所以，我们不断创新艺术活动形式，探讨课程内容，精心搭建新艺术课程体系，确立了涵艺、养德、育知、立思、成行的课程育人目标，并以迷你儿童剧、少年篮球、彭城印记等微课程为载体，促进学科间的艺术大融合。

我和孩子们的音乐故事就这样开始了。

三、课程内容：童心里的绽放

儿童的语言是充满诗意的。为了让每个孩子的无限潜能都能在音乐中独特绽放，我们研发了童谣创作课程，师生同写一首主题歌，并创新设置DIYMV、迷你儿童剧、田野合唱等多个微课程。我们一起描绘幸福童年，走过美丽四季，歌颂盛世华夏，共筑精神家园。渐渐地，同学们喜欢上了运用音乐语言描绘多彩的"童话"世界，课堂也变得诗意盎然，还形成了多部童谣创作集。

四、课程实施：穿越里的欢歌

在推动课程实施的过程中，我们一起编创旋律，拍摄、制作校园MV。国庆节，拍摄爱国主题；教师节，拍摄尊师主题……每名学生都成为光影里的主角。我们经常因为一个镜头，反复推敲、拍摄很多遍，直到取得自己较为满意的效果。

在拍摄爱国主题MV的时候，为了拍摄风吹麦浪、旗帜飘扬的理想画面，我们跑遍了学校周围所有的麦田。纵然满脚泥泞，但脚步坚定。当老师和孩子们在田野间挥舞鲜艳的五星红旗的时候，在遍地金黄的映衬下，那一抹绚丽的中国红格外耀眼，孩子们爱国的歌声也响彻山野。其中一个细节让我感动不已。在拍摄的整个过程中，不管时间多久，脚下的步子多沉，孩子们都不会把手中的五星红旗随意放置。我想，他们内心已悄悄燃起了爱国的火种。孩子们凭借卓越的少年风采和艺术表现力拍摄的作品，先后有两部原创MV被"学习强国"选发。

六一儿童节来临之际，孩子们表示想过一个不一样的节日。我在思考过后作出决定——来一次穿越时空的节日旅行。师生对这次神奇之旅满怀期待。我们的摄像、制作老师，是学校一位50多岁的信息老师。他戴着老花镜，一头扎进网络，开始学习抠图和制作技术。我也踏入学校老旧的档案室，翻出学校现存的所有照片，它们大多裹满历史的尘埃。当看到一代又一代郑小人的流金岁月，当历史的洪流扑面而来时，我不禁眼含热泪，满怀敬意。那一刻，我更深刻地体会到教育人薪火相传的使命与担当。经过一个星期的筹备，穿越之行在儿童节当天如约而至。学校还面向社会进行直播，在线观看人数累计达3万人次。在那一刻，百年郑小在云端幸福地拥抱了从这里起航的万千学子。

我们还深度卷入每一位教师和家长，将他们也带入课程中。年末岁尾，我策划拍摄了一组教师贺岁VCR。在除夕之夜，我们乡村一线教师的超强阵容通过屏幕传递给社会的时候，也收获了各种赞美。

乡村学校，有亲近大自然的无限机会，有享之不尽的乐趣！我们的大艺术课程逐步形成班级舞台、七彩社团、星光剧场和田野世界等多个活动场域，让每个孩子都能通过自己的努力站在舞台的正中央。我们的艺术操、儿童剧、合唱，多次登上市级和区级少儿春晚、百姓春晚、读书峰会的舞台，还形成了"童听—童写—童创—童演"的一体化课程结构模式。

五、课程评价：星河里的璀璨

点点星河，汇聚成校园师生成长的海洋。我们不仅以新艺术为导向，构建鲜活的艺术生活模式，还以新艺术为载体，推动学校内涵项目建设。我带领团队教师，以学校全面普及的少年篮球为主线，成功申报了省级品格提升工程项目，我校是全区第一所申报成功的学校；我以迷你儿童剧为抓手，主持申报省"十四五"规划课题，获重点课题立项；"弦音水墨"和"小小儿童画"在省级各项比赛中多次获奖。我被推荐成为江苏省最美基层高校毕业生候选人。我的多篇教育随笔发表，学校活动被媒体相继报道……就这样，一所偏远的乡村小学，成为美好事物的汇聚之地。

课程的理想就是构建理想的课程。我们的理想便是播撒艺术的种子，静待艺术之花在漫山遍野绽放。一路走来，可谓幸福裹挟着泪水。回想当初，家长和同事们不理解、不支持，生怕因此耽误孩子的学习，甚至阻拦孩子参加艺术活动。投稿"学习强国"，数次被否定、修改、重来。种种压力之下，我崩溃痛哭过，甚至不止一次想过放弃。但转念想到新教育人的"坚持就有奇迹"，又如引航的灯塔，坚定了我追光前行的决心。因为我们始终怀揣着一个真诚的梦想——在"过一种幸福完整的教育生活"的理念的引领下，我们用新艺术擦亮田野里的每一颗星星，让美丽乡村的夜空更加璀璨，让每个生命都幸福、完整。

闪光的泥土，闪耀的我们

江苏省徐州市桃园路小学　王婵

我是一个走上工作岗位才3年的语文教师，我所在的学校桃园路小学是一所百年老校，它地理位置优越，南临著名的汉陶文化遗迹狮子山楚王陵，北依驮蓝山汉墓。依托这一地理优势，我校从2012年起便将泥塑特色教学落实到课程中。2015年，学校被评为江苏省非物质文化遗产——泥塑传承基地，后来，相继被评为江苏省小学特色文化课程基地、江苏省艺术特色示范校等。

当泥塑在学校全面开花，一个新手教师，一群可爱的娃娃，与泥塑碰撞出了不一样的火花。

故事，就从一捧泥土说起。

那天，我正在批改读写日记。突然，一本字体陌生的日记出现在眼前，字不算特别好看，但是规整、端正，从来没见过这个字！我边想边翻看封皮，一个不可思议的名字映入眼帘——小奇。这个孩子以自成一家的"草书"闻名，怎么可能是他的字？

带着疑问，我认真读起他的这篇日记。"今天，我有一个收获，王老师向同学们展示了我的泥塑作品，同学们为我鼓掌。也许，以后我可以成为一个泥塑创作家……"

我恍然大悟。前一天的泥塑课上，我把他的作品放在展示台上，让其他孩子欣赏，孩子们一时间"哇"了起来。在孩子们的掌声中，我看到小奇眼中的光瞬间亮了。他一改往常的坐姿，后背挺直，活像个小军人。

从那之后，小奇像着了魔一样，课间也不时地把玩着泥土。向来见老师就躲着走的他，会隔三差五地拿自己的新作品让我评价。我永远记得他介绍自己作品时急切与渴望的模样，那双闪着光的眼睛也照亮了我的心。从前孤僻、自卑的小奇用肉眼可见的速度蜕变着。这时，我开始相信，艺术之美能照亮生命，而我要做的，就是把艺术的种子播撒到孩子们的心中。

那时，班里的泥塑课陷入了瓶颈期，孩子们对泥塑没了刚开始时的热情。作为一个忙碌的班主任，想到每周两次的泥塑课，闯入我脑海中的第一个画面就是一片狼藉的教室。这让我头痛欲裂。小奇的变化让我意识到，泥塑课不应该是我的一个包袱，它是学生在书本世界之外探寻另一种可能的途径，是一门蕴含着巨大能量的卓越课程。卓越课程，就是最大限度地实现人的幸福完整的课程。如果我在这门课程中不幸福，怎么能让孩子们幸福呢？带着这份恍然大悟，我开始审视手上的这块泥巴。也许，我需要改变自己的行走方式了。

只要行动，就能唤醒。我开始研究泥塑课程。了解了各种泥土的特性之后，我一边练习泥塑技巧，一边学习泥塑文化。我第一次发现，一块小小的泥巴中竟藏着气象万千，为什么捏、捏什么、怎么捏、捏了怎么用……我要做的是系统思考和实践。就这样，我的业余生活被跟泥相关的一切填满了。当我把自己的作品带到孩子们面前时，他们都觉得不可思议，原来不起眼的泥土可以制作出这么精巧可爱的物件！彼时，孩子们对泥塑的热情又被燃起。但我知道，只有热情是不够的。研发，不是简单地做加法，而是包含加减乘除在内的整合建构。接下来，我们制订了周二制作、周三周四风干、周五上色上油的计划。我也在制作泥塑之余，自学拍摄技巧和剪辑技能，力求让课堂资源丰富、精练。此外，我们一起学习如何清洗、收纳泥塑工具,大大解除了泥塑课程的"后顾之忧"。

开启崭新的课程之旅后,我和孩子们在泥塑课堂上忘我地创作着。课堂纪律不再需要我费力维持,班级也在学校的各项评比中脱颖而出。一捏、一揉、一搓,都包含着或简或繁的技巧,或深或浅的思考。泥塑课程让学生不断成长,也让我不断超越。

泥塑为每个学生打开了一扇充满创造力和表现力的窗户。但是,一扇窗户,无论形式多么花哨,它也就是一个透光透风的洞。如果窗外有皎洁的明月,有影影绰绰的竹林,这扇窗便拥有了最美的意象。我们的泥塑课怎样才能更有趣、更饱满、更具美感呢?

迷茫之时,新教育提醒了我:"一个有创造性的好老师,能用一根神奇的线,把生活中的一切华丽碎片,编织成更有教育效益的整体。"泥塑课程不就是这根神奇的线吗?我苦苦寻觅的窗外美景,其实就是生活中的点点滴滴。于是,我开始和孩子们一起体验生活中的艺术,一起创造艺术的生活。

当泥塑课程走进生活,它又多了几分新鲜的味道。作为徐州人,不捏几个汉兵马俑怎么能说得过去呢?到了端午节,孩子们用泥土"包粽子",青翠欲滴的粽叶配上软软的糯米,整个教室似乎都要"粽香四溢"了;中秋节,孩子们一起制作月饼,共同品味千年来中国独有的月夜情思……班里的泥塑课程轰轰烈烈地开展着,同事们也被我感染了。他们经常驻足观望,连连称赞的同时也不忘打趣我:"别忘了你可是个语文老师呀!"这一说又点醒了我。如果泥塑和语文课堂融合在一起,岂不是更有趣?在领导的指引下,我们全面革新了泥塑课程。创作泥塑作品前,我和孩子们一起在脑海中构思模型,从语文课文中汲取思维的生长点;泥塑作品完成后,我们一起写作品背后的故事。就这样,色彩瑰丽的神话故事,饱含哲思的历史故事,意蕴悠远的唐诗宋词,都被我们用一块方方正正的泥土塑造出来。一阵解落秋叶的风,一艘载满白莲的船,都在穿越时空后拥有了具体的形状。孩子们品读、思创、领悟，这捧不起眼的泥土正用自己的可塑造性引领学生塑造更好的自己。

短短半年，泥塑从课表上一个生硬的课程安排成为我和孩子们翘首期待的欢乐时光，它也慢慢地从课堂延伸到了我们的课余生活中。我们成立了班级泥塑工作坊，一起制作各种简单的小物件。三八节，我们一起给妈妈制作手机支架；我们约定，能入选班级诗刊者可以得到一个泥塑作品；坚持高质量晨诵、午读的同学，可以找老师定制一个泥塑作品……这样一来，泥塑课程的影响辐射到了班级的方方面面，孩子们在这一卓越课程的引领下越来越优秀。当我品读着他们笔下动人的诗篇，听他们分享生活的点滴碎片，看着他们演讲时阳光而自信的面庞，更加坚信，泥土以一种特殊的形式再次孕育了我和孩子们的生命。

3年的教育时光，没有感天动地的故事，只有与儿童、泥土、阳光一起的执着成长，只有向美而行的风雨兼程。泥塑课程带着新教育卓越课程的希望，涵养人文精神，让艺术与美在指尖绽放。这段特别的旅程充满惊奇，触及灵魂，生命在场。孩子们从这块泥土中看到了更精彩、更广阔的世界。阳光下，我们的泥塑作品闪烁着美丽的光芒，我们也在泥土里、泥塑课程中找到了最耀眼的自己。

守望那颗会发光的小星星

江苏省新沂市新安小学一分校　闻子静

我是来自新沂市的一位妈妈,我的大宝已经参加工作,二宝现在刚满 8 岁,叫王顺祺,小名福娃,就读于新沂市新安小学一分校三年级。因为福娃是我 44 岁那年在病中生下的,种种原因导致他出生时大脑缺氧,胸肋骨也没完全发育好。所以,福娃出生后,我不得不四处求医,帮助他尽早恢复健康。功夫不负有心人,经过一年半的精心护理,福娃的胸肋骨终于完全长好,不用手术了。因此,如果把福娃当作上天送给我的一颗小星星,那么,我就是那个从不抱怨星星又旧又生锈的老妈妈,只是拿着水桶和抹布,一路跟跄,擦拭盖在星星上的蒙蒙灰尘,并在静静的守望中,等待着这个小生命能在斑斓星辉里放歌。

一、点亮爱的小橘灯

应该说,福娃的童年是在无拘无束的状态下度过的。但是到了小学,他表现出了种种的不适应。比如一堂课 40 分钟,刚开始他还能坚持,时间一长,就做不到了。于是,一年级的数学老师反馈说,他上课爱讲话,小动作多,在数学专项能力测评中成绩一路下滑。

记得有一天,儿子放学回家说:"妈妈,今天测评元角分,我都快被绕晕了,我有好多题不会做。"记得当时,我说:"哦,是吗?

没关系！其实数学真的很有趣，就藏在生活里。你看，妈妈和姐姐小学时数学也是一般般，但是我们都喜欢数学，所以到了高中，我们可都是全校第一哦，你也一定会越来越棒的。记住，宝贝，热爱才是最亮的光！"

后来，我给他读了《我的几何人生：丘成桐自传》，儿子知道了一个"在哈佛，丘成桐一个人就是一个数学系"这样伟大的人物小学时数学也是一般般，表现也是一般般，于是，他对自己、对数学就有了信心。

再后来，为了激发福娃的学习兴趣，我和他进行了一次角色互换，我当学生，他当老师。答卷时我故意只做对三道题，儿子改卷时，每每遇到我做错的题，在扣掉1分的同时，总要再给我加上2分，甚至是10分或者30分。他说："你看你错了那么多题，好歹做对一两道，太可贵了！必须好好鼓励！看，我给你加的都是态度分，这样，你才会喜欢数学！"说实话，我都汗颜，我若做一个错了那么多题的孩子的老师，做不到如此宽容，如此细腻，如此温暖！那一瞬间，我的内心被感动了！也恰恰就在那一瞬间，我知道，儿子内心的那盏小橘灯，已经被我点亮。

二、走进书的妙妙屋

埃里克·霍弗说："真正的人类社会应该是学习型社会，在这样的社会中，祖父母、父母，以及孩子同为学生。"为了成为一名学习成长型父母，在新安小学的家委会中，我坚持做到阅读带动、榜样先行。除了阅读新安小学布置的家长必读书目，我还自修了苏霍姆林斯基的《给父母的建议》以及朱永新教授的《新教育》等，从这些书中，寻找引领孩子所需要的那束光。

史斯兰克·吉利兰又说："你或许拥有无限财富，一箱箱的珠宝与一柜柜的黄金，但你永远不会比我富有，我有一位读书给我听的妈妈。"受这句话的启发，我坚持给儿子读书。我们一起走进了书的妙妙屋，一起读《安徒生童话》《格林童话》《老人与海》等图书。渐渐地，从书中，福娃生出了一双可以飞掠天空的翅膀。更奇妙的是，他仿佛摇身一变，变成了一本可以走动、可以说话的有趣的"书"。在这本"书"中，我读到了越来越多令我感动和回味无穷的美妙语言。比如，看到下雨，他说："妈妈，是谁让天空哭了？是云彩吗？它们在说些什么？"看到天空中绽放的烟花，他说："这些烟花呀，像花儿一样绽放，像花瓣一样落下来，它们飘飘洒洒地，太漂亮了！"等到他自己犯错了，他又说："妈妈，我要是能当一条小蛇，该有多好。一旦我有不好的想法，就把皮蜕掉。"是啊！我们每个人在成长的过程中，都需要蜕掉多少层皮，才能从不完美走向完美，从失败走向成功！这些语言，是浅的，又是深的；是幼稚的，又是深邃的。从那时起，我知道，我给他读的那些书，已经点燃了他的小宇宙。我更知道，那些书，已经成为照亮他心灵的一束智慧的光。那束光有着神奇的力量，会激荡着少年追梦的心向光生长。

三、挥动诗的魔法笔

朱永新教授说："教育是唤醒，每一个生命都是一粒神奇的种子，蕴藏着不为人知的神秘。"为了唤醒福娃这粒金色的种子，我常带他亲近大自然，和他一起去田野、去农田、去池塘边，教他学种地、学做饭。此外，福娃和我还积极参与到新安小学发起的"好朋友+"亲情定制课程的研发中。福娃邀请了几个志趣相投的好朋友，组建了"好朋友+""滴滴答，我要去四季旅行啦！"两个二十四节气研学课题组。课题组的题目是福娃自己起的，很有童趣和创意。我们从小雪节气开始，带领孩子们听讲座、进菜园、写唐诗、谈感想，让孩子们感受一年四季的变迁，从生活中汲取创作的灵感，再把自己融进二十四节气里，化成春天的雨点……

几年来，福娃一次次地走进自然、走进田野，参与劳作，获得了诸多灵感，不断地挥舞起诗的魔法笔。比如，在田间，福娃用长长的管子浇水时，编出了微童话《会飞的管子》，发表在《七彩语文》杂志上。6岁时，我把他在与大自然的互动中说出来的童"话"和画出来的童"画"，结集出版了他的第一套书——《是谁让天空哭了》（上、下册），由三晋出版社正式出版，并在线下和线上书店正式发行。7岁的福娃，又编创出一部长达2万多字的极富想象力的长篇童话故事。每一天，当我把福娃编的故事一个字、一个字地敲击进电脑时，总觉得那些从键盘上飞出来的音符正是福娃这粒金色的种子在破土而出的声响。

福娃说："妈妈，你是我的笔，但是，我是你的翅膀，我能带着你飞，飞到我的童话王国去看看。"是啊，当我们教会了孩子热爱读书、为国致学、学而有艺时，那么，在浩瀚的书海和平凡的生活中就一定会有诗和远方！当孩子向着明亮那方努力奔跑，就一定能够健康茁壮地成长！我们默默地在陪伴中守望，在守望中欣赏，就一定能看到灰蒙蒙的小星星发出闪耀的光芒！

最后，请允许我邀请我的福娃上台，为我们朗诵他书中的一首童诗《风》吧！

风在天上，风在陆地上，风在海洋上。
风飞呀飞，飞呀飞，风在蓝色的大海上，跑着，跳着。
风飞呀飞，飞呀飞，风在城市里，风在村子里，风在农田里，农田里有好多人啊！
到了秋天，风就变黄了。

44年，专注搭建爱的鸟巢

江苏省徐州市邳州邹庄镇刘沟小学　冯金平

我来自徐州市邳州邹庄镇刘沟小学。今天，我给大家讲述的是这所乡村学校44年如一日，坚持不懈关爱留守儿童的故事。

一、一个炒货之乡

说到邹庄，可能大家都不熟悉，但是对于"邳州炒货"，相信大家应该早有耳闻。邹庄素有"干炒之乡"之称。1979年，勤劳的邹庄人乘着改革开放的东风，奔赴全国各地，做起了炒货生意。"一把铲子一口锅，瓜子炒遍全中国。"邳州炒货炒成了每年产值400亿元的大产业，绘就了一幅"家家小洋楼，户户小汽车"的幸福场景。这个人口6.9万的边远乡镇，常年在外从事炒货行业的就有4万多人。但令人揪心的是，他们的孩子却留在了农村，成了留守儿童。据统计，邹庄镇留守儿童在高峰期占比一度高达80%。

二、一方爱的坚守

刘沟小学，是一所偏僻的村小。1958年建校，第一任校长是冯玉经先生。自建校那天起，刘沟村的老师和家长就坚守书香传家的信念，不管多苦多累，也要让孩子上学读书。60多年来，学校一直践行"仁爱育人,温润童心"的办学理念,努力建设一所"书香润心,向阳生长"的校园。经过不懈的努力,学校建设仁爱教师队伍,研发润心课程(研学课程、生日课程、风筝课程、农耕课程、二十四节气课程、红色课程等),构筑启智课堂,建设和谐家校,培育向阳学子,沉淀出了属于自己的"仁爱"文化。44年来,广大爱心人士捐资助学累计300万元,邹庄镇党委政府近5年先后投资370余万元改善办学条件,建立留守儿童安全防护网络。44年来,在老师们的爱心陪伴下,这群乡村娃和城里的孩子一样,"走进高校,筑梦游学","读万卷书,行万里路"。孩子们与经典对话、与大师为伴,刘沟小学的书香氤氲着每一个学子,从刘沟小学毕业的孩子六年小学时光可以阅读300本书。刘沟的孩子是幸运的,他们都有一个幸福完整的童年;刘沟的家长是放心的,他们在走四方、创事业的同时,留在家里的孩子都长成了自己喜欢的模样!就这样,老师换了一茬又一茬,校长一任接着一任干,家长一代一代支持教育,孩子一批又一批走出刘沟,走向祖国的大江南北,成为栋梁之材。

44年的守望、44年的耕耘,造就了刘沟小学不俗的办学业绩。2014年,江苏省关爱留守儿童健康促进项目落地我校。2016年,刘沟小学校长作为江苏省义务教育学校代表,在全国留守儿童工作会议上作典型经验报告。2017年,张校长带着学生四次走进江苏卫视《成长》栏目……学校被评为联合国环境人口与可持续发展项目成员学校,先后获得全国艺术教育先进学校、江苏省模范学校、江苏省优秀家长学校、徐州市书香校园建设先进单位等殊荣,被誉为"苏北乡村教育的一颗璀璨明珠"。

三、一场爱的接力

"过一种幸福完整的教育生活",是新教育人追寻的梦想。人只有活出生命的精彩，实现生命的价值，才能感受到幸福。人只有发挥生命的潜能，张扬生命的个性，才能谈得上完整。

2009年，为了响应江苏团省委的号召，刚刚大学毕业的我满怀壮志豪情，只身来到邹庄，开始了为期三年的支教生活。

2012年，志愿服务期满，我考上了教师编制，继续申请留在刘沟小学任教。11年来，我坚定地秉承"让每一个生命都开花"的理念，带领孩子们晨诵、午读、暮省，关注每一个孩子，不让每一个孩子掉队，不让每一个家庭分心。如今，我担任刘沟小学的第16任校长，在这方承载希望和梦想的校园里，传承着我们又一代人的乡村守望。

2022年6月，陪伴了6年的娃娃们即将毕业，临别时，再多的不舍只能化作一句"天高任鸟飞，海阔凭鱼跃"。娃娃们也送了我几句话："老师，感谢您陪伴我们成长。我们忘不了您生小孩前一天还在给我们上课；忘不了您刚坐完月子，就出现在我们面前的惊喜；忘不了拍毕业照那天您紧紧的拥抱、夺眶的泪水……您，是刻入我们骨髓的那位老师！多想叫您一声——妈妈！"此时，我仿佛听见生命拔节的声音。我想大声回应：亲爱的孩子们，无论过去、现在、将来，我永远是你们的老师妈妈！

2021年注定是不平凡的一年。5月，徐州市整体加入新教育。从此，刘沟小学师生的教育生活开启了另一番幸福的模样。我们无限相信教师的智慧，无限相信孩子的潜能，无限相信家长的力量，努力让书香校园成为一个温馨的家园、一段师生共同穿越的旅程。2022年6月，我校承办了邳州市"家校共育"现场会。领导专家莅临现场，对我校的家校共育工作给予了高度肯定，进一步推动我校关爱留守儿童工作走向深入。

教育就是如此神奇，我们永远不知道，自己不经意间播下的一粒种子，会在哪些人的心中，会在哪些时刻，生根发芽，并开花结果。每一个生命都值得尊重，每一个故事都值得聆听。留守儿童是一个特殊的群体，他们也是爸爸妈妈、爷爷奶奶的心肝宝贝，更需要我们把他们装进心底最柔软的地方。一个人的力量或许渺小，但是一群人、几代人的坚守，44年的努力，足以改变他们的命运。我们在新教育的天地里纵横驰骋，只为寻找并完成自己的使命，活出属于新教育人的美好模样。行动，就有收获，但是，只有坚持，才有奇迹。这是新教育的行动论，也是我们徐州新教育人矢志不渝的信念和理想！

重遇另一个美丽的自己

江苏省徐州市苏堤路小学　周心语

2021年8月31日，21岁的我第一次走进徐州市苏堤路小学，就被主教学楼上的一行大字吸引了——"过一种幸福完整的教育生活"。驻足凝望，我有些不解：过一种幸福的教育生活，这话我懂，就是享受职业的幸福感，可"完整"是什么意思呢？难道我们的教育生活是不完整的吗？

这样的困惑一直在我心中，直到遇见了我的一年级孩子，我才终于明白"完整"的真正含义。

清晰地记得，那天初雪，很冷，下班回家成了我最朴素的期待。准备离开时，接到了小晨爷爷的电话："周老师，孩子语文书找不到了，我现在去学校，你等着给我开门！"强势的语气，甚至容不得我多问一句，电话那端的声音就戛然而止。心底一阵委屈，虽然我很年轻，虽然对方是长者，但我毕竟是孩子的班主任，起码的尊重也应该给我吧！

我努力调整着情绪，小晨爷爷也来到了学校。我陪着老人家一起走进教室，却没有发现孩子的语文书。我轻叹一口气："唉，小晨爷爷，明天再找吧！可能孩子忘记放哪了，天这么冷，您赶快回去……"话音未落，小晨爷爷就怒气冲冲指着我："明天？能等到明天，你今天还打电话跟他爸告状？语文书找不到，孩子一路上吓得话都不会说。刚进家门，他爸一脚就踹过来了。你说说你们老师，芝麻大的事也要给家长告状，把孩子送到学校来，就是让你们教育的。什么都给家长说，要你们老师干吗？"一连串的狂轰乱炸，让我瞬间错愕，脑中一片空白，眼前只有小晨爷爷指着我的手，在无限地放大……

我努力找回自己的声音："小晨爷爷，我事先不知道这事，而且，我也没有什么都告状，只是如实地反映了孩子在校的情况。"

"对，你如实反映情况，可你真正了解过孩子吗？这孩子自打生下来爸妈就没带过，是我和他奶奶把他从小拉扯大的……"说到这里，这位年近古稀的老人竟然哽咽了。

就在这时，小晨爸爸打来了电话，电话那头不知说了什么，刚才还气势汹汹的爷爷一下子慌了神："你打他干什么？语文书丢了可以再买，你就不能对孩子有点耐心吗？"来不及再说什么，他就急匆匆地朝校门走去……

看着老人家花白的头发和渐行渐远的身影，我心中一时五味杂陈，在风中凌乱不已。我不知道，我如实反映问题为什么带来一个家庭的鸡犬不宁；我也不知道，我积极沟通为什么会成为一个孩子成长中的"不能承受之重"；我更不知道，为什么有的父母不爱自己的孩子，为什么有的爱会变成伤害！

一个人站在天色已晚的校园，教学楼上的那行字又在灯光下映入眼帘。望着"幸福完整"几个大字，我第一次认真地问自己：教育是什么？完整是什么？我也第一次开始反思，我的所谓"如实反映问题"是为了帮助学生解决问题，还是宣泄自己的不良情绪？是真正地对学生担负责任，还是在推卸责任？是与学生家长的同心共情，还是居高临下的批评和建议？……

那是我工作以来第一个无眠的夜晚。明天该怎样面对小晨，我想过一百个画面，最终在昏昏沉沉中睡去。

第二天清晨，我早早来到学校，把我的语文书轻轻放到小晨的桌上,满心期待他惊喜的笑脸,然而并没有,他一直低着头。心,在那一刻,很疼。我轻轻把他揽入怀中,轻声说:"以后,有问题咱们自己解决,我不会再向你爸爸告状了。"他用力地点点头,看向我的眼睛里满是纯真。

此后的一段时间,我阅读了儿童心理学和新教育的相关书籍,并不断向身边有经验的老师请教。书里的教育理论与理念,老教师的教育情怀与智慧,让我一点点明白:爱是接纳和陪伴,育是春风化雨、润物无声。

从那时起,我极少再向小晨爸爸"告状",而是将所有的耐心与宽容倾注在小晨身上,一点点见证了小晨的进步和成长。

我们的故事,似乎有了一个美好的结尾,可心底却有个声音在清晰地告诉我:小周老师,不告状,不代表不需要联系家长。只有良好的学校教育,对孩子来讲,依然是不完整的,是时候好好地跟小晨父母沟通了。

于是,我带着全部的勇气走进这个家庭,走近小晨的父母,开始了第一次真正意义的家访。对于年轻的我来说,这样一次正面的"交锋",压力还是很大的,我不知道,接下来等待我的会是什么。

不知道是不是孩子一系列的改变让父母看到了希望,抑或是这段日子的冷处理,让小晨父母反思了自己的行为,沟通顺利得有点出乎我的意料。我们彼此放下"隔阂",褪去"面具"。家校双方也终于达成共识:只有形成家校合力,教育才是完整的。小晨的父母跟我表示,会试着和小晨好好相处,试着和孩子共同成长。

此后,我又进行了跟进式家访。在这个过程中,我终于明白,爱的联结是多么重要。充满智慧的爱才能让教育发挥唤醒生命和心灵转向的功能,引导学生成长为最好的自己。

决定写下这个属于自己的生命叙事时,我曾一次又一次站在校门口，看着一年前令我不解的那行字："过一种幸福完整的教育生活"，也一次又一次琢磨着朱永新先生的那句话："人应该是完整的，包括他自己个性的完整性。让人成为他自己，一个完整的自己，这才是教育的最高境界。"而此刻，我似乎对"完整"有了属于自己的注解：完整是教育给予生命的最高礼遇，没有分裂，没有纠结，没有破碎，每个人都因他人与最美的自己相遇。

美国著名作家尤金·奥尼尔说："我们生而破碎，用活着来修修补补。"此刻我想说，生命原本脆弱，让我们用教育的温暖和执着护它周全，给他精神的明亮和心灵的完整。

于是，在工作整整一年后的那一天，我在日记本上郑重地写下了这段话：

教育是一场温暖的修行，是生命和生命的相遇，它本身就应该是幸福的。因为在这个过程中，我们"以现在求证未来，让生命幸福完整"，并在不经意中重遇另一个美丽的自己。

第四部分

区域叙事（下）

让每一个生命粲然绽放

——"新生命教育"的实践探索

江苏省徐州市大马路小学校　任焱

徐州市大马路小学校始建于 1939 年，一代代教育者在这里辛勤耕耘，留下了丰厚的教育思想财富。全国著名特级教师于永正在这里任教近 20 年，他的"儿童的语文"教学思想曾获国家级基础教育教学成果奖一等奖，江苏省基础教育教学成果奖特等奖。学校有在职教师 116 人，其中全国万人计划名师 1 名，苏教名家培养对象 1 名，正高级教师 3 名，江苏省特级教师 4 名，省、市、区级名师 57 名。

作为新生命教育实验学校，在新教育理念的引领下，我们积极开展新生命教育的创新实践。

一、传承·坚守：观照生命教育价值本质回归

生命教育在学校得以体现和实施，首先源于学校的文化建设与文化观照。早在 2008 年，大马路小学就确立了"生命化教育"的办学理念，研制了《生命化教育操作指南》《学生生命化教育指导手册》，开发与实施生命化课程，致力于生命全面而和谐、自由而充分、独特而创造地发展。

在新的阶段，我们确立了学校的育人目标，即培养乐观向善、个性张扬、勇于创新、自主发展的大马学子。"乐观向善"是生命的根基，强调的是人的归属感、道德感；"个性张扬、勇于创新"指向生命的独特性、创造性、丰富性；"自主发展"则体现了对人的生命价值的终极关怀，希望大马师生永葆信仰，拥有生命自觉。学校还树立了"让每一个生命粲然绽放"的美好愿景，"粲然"意为鲜明、美好的样子，让生命绽放出最活泼、美好的成长样态已成为每一位大马路教育人的价值追求。

二、谋划·创生：架构学校生命教育课程体系

生命教育需要进行课程化建构、体系化建设。学校从学科渗透课程、专设课程、专题教育课程三个方面构建生命教育课程体系。

学科渗透课程：小学阶段各个学科的教材都蕴含着丰富的生命教育元素，饱含值得挖掘的生命教育资源。我们基于学科教材特点，整体把握，系统研究，充分开发学科教材中关于生命教育的相关内容，将教材中的内容与学生生命观念的塑造有机融合起来，达到学科融合渗透生命教育的目的。

专设课程：围绕自然生命、社会生命、精神生命这三重生命，从生命与安全、生命与健康、生命与养成、生命与交往、生命与价值、生命与信仰六个领域，遵循横向展开、全面系统的原则，依照不同年龄阶段学生的特征和发展需要，纵向衔接、循序渐进，设计不同学段的课程主题。

生命安全与健康						
年级模块	居家安全	校园安全	社会安全	身体健康	心理健康	两性健康
一年级	警惕隐形杀手	认识警示标志	了解交通常识	了解身体器官	适应集体生活	认识男孩女孩

续表

生命安全与健康						
年级模块	居家安全	校园安全	社会安全	身体健康	心理健康	两性健康
二年级	防范宠物伤害	课间文明游戏	防止走丢走失	爱护自己身体	学会与人相处	保护隐私部位
三年级	安全使用电器	确保游戏安全	乘车安全出行	远离垃圾食品	解决情绪问题	防止性别侵害
四年级	应对陌生来访	防止校园踩踏	防止游泳溺水	注重科学膳食	掌握自控方法	尊重性别差异
五年级	注意饮食安全	学会运动保护	安全乘坐电梯	了解常见疾病	培养自我意识	了解青春发育
六年级	防范家庭暴力	防范校园欺凌	学会向人求助	学会安全用药	懂得悦纳自我	学会异性交往

生命养成与交往			
年级模块	习惯养成	人际交往	人与自然
一年级	爱惜学习用品	学会爱的表达	爱护动物朋友
二年级	讲究个人卫生	学会赞美他人	呵护植物邻居
三年级	学会文明用语	学会表达歉意	探寻自然奥秘
四年级	学会自主学习	学会团结合作	学会处理垃圾
五年级	养成运动爱好	学会宽容理解	认识环境污染
六年级	养成礼仪举止	参与志愿服务	学会敬畏自然

生命价值与信仰			
年级模块	生涯发展	价值信仰	生死智慧
一年级	了解自我身份	拥有仁爱之心	了解生命诞生
二年级	养成兴趣爱好	学会诚实守信	了解生命过程
三年级	寻找榜样人物	学会勇敢进取	了解死亡现象
四年级	了解各行各业	拥有朴厚之德	了解生命独特
五年级	探寻潜在能力	正确对待金钱	了解生命基因
六年级	发现性格天赋	肯定自我价值	增强生命韧性

我们结合校本课程和延时服务课程开展上述主题的学习，每周1课时。同时，遴选校内优秀教师、优秀家长、第三方专业力量组建师资团队，全面化、序列化、常态化实施。

专题教育课程：

（1）校园沉浸式课程。

①"生命成长故事"讲述课程。每周开展"生命成长故事"讲述课程，在升旗仪式时进行讲述。通过自主"发现故事""分享故事""延续故事"，学生的生命过程得以展开，道德教育得以内化，成为与生命共生共融的过程。

②主题队会课程。针对校园近期问题或社会热点问题，开展相关主题队会课程，通过共同研讨，结合自身问题反省思考，发挥集体智慧，起到自我教育作用。

（2）校外体验式课程。首先是特色研学课程。以社会实践活动为载体，组织学生走出校园，到生活、社会、自然中去实践体验和尝试学习。其次是红领巾寻访课程、志愿服务课程等。

三、实践·提升：创新生命教育价值的实现通道

学校确立了生命教育的实施原则：一是坚持面向全体和关照特殊相结合；二是坚持把发展、预防和对特殊群体的干预结合起来；三是凸显儿童化、情境化、活动化，把认知、体验与实践结合起来，使生命发展融知、情、意、行于一体。依据以上原则，学校在实践过程中积累了大量案例，并着力打磨生命教育品牌课程。

新体育"欣"悦动： 学校以"享受乐趣、增强体质、健全人格、锤炼意志"四位一体的目标为核心，从健康知识、运动技能、综合素养三个维度梳理课程内容，形成"一核三维"体育发展思路；架构了以体育与健康国家课程为主体，以大课间活动、阳光体育课、

课后延时服务、每周五的年级周赛四个时段的课程为四翼，以春季田径运动会、秋季趣味运动嘉年华和健康节三项年度赛事为延伸的"一体四翼三赛"课程体系；凝练了"生活化""游戏化""个性化"和"整体性""综合性""趣味性""合作性"的"三化四性"课程实施路径；构建了"增值性"发展评价模型，衡量学生体育锻炼过程中的进步幅度，以学生的进步为核心，发挥增值评价的正向激励作用。"新体育大健康"教育体系的构建，激活了每名同学的体育发展动力，悦动身心、向阳生长成为最美的姿态。

新视角"新"浸润：从生命教育的视角挖掘、设计学科渗透课程，如四年级语文组设计了学科内学习项目"我是小小观察员"。以"我发现的写作密码、记录我的观察日记、制作我的养护秘籍、创作我的视频"四个表现性任务，在达成语文课程"学习连续、细致地观察，准确、生动地表达"基础上，让学生体验到了生命的变化和神奇。王慕伊同学连续27天坚持观察家门前两排银杏树，于一飞同学记录了小鹌鹑孵化、成长的过程，他们在观察日记和养护秘籍中都不由得感叹：生命真的是太神奇了，我们每个生命都很了不起！学生们制作的视频在班级群、学校公众号中展播，获得广泛关注，学生的成果也成为下一阶段推进该项目的课程资源。除此之外，学校还积累了数学学科渗透课程"牛奶中的学问"，科学学科渗透课程"地震来了""小小拐杖""智能垃圾桶设计"等。

我校道德与法治特级教师王银娣基于学生在每日新闻播报中发现的热点问题，设计了"拒绝欺凌，与善同行"主题班会课程。通过观看视频、解析案例和体验活动，学生感受了被欺凌者受到的伤害，深刻认识到"善"的价值与意义。

新故事"心"讲述：每周一进行的"生命成长故事"讲述课程聚焦学生经历的重大生活事件、特定人际交往事件和成就事件三种类型，由学生在现实生活中选取生命故事，并以主体视角讲述，再借助自我对话以及多向的分享交流，整合多重观点，获得生命意义的建构。

学校将打磨成熟的课程案例通过公众号推送、分享，并纳入生命教育资源库，成为新一轮课程创生的基础性资源，经过迭代与重构，推进学校生命教育向纵深发展。

四、协同·共育：构建生命教育发展共同体

我们与高校合作，聘请校外生命教育导师，为学生的生命成长搭建有力的社会支持系统，培养学生对生命价值的正确理解和认知，促进其身心健康发展。借助正在开展的中央电教馆家校社协同育人项目"基于互联网的共融共育：构建新时代家校社共育未来态"和引入的"慧·爱"家庭教育指导站项目，进一步提升家长在家庭中开展生命教育的能力和水平，并邀请榜样家长走进《龙马家长说》栏目，和大家分享自己的家庭教育理念，传递生命教育经验。学校、高校、家庭、社会多方构建起的生命教育研究共同体，形成了基于互联网的线上线下立体化交流互访模式，实现了生命教育课程资源和教育经验的互通、共享。

人的存在是教育展开的基点，生命教育是一种关注以个体生命活动来赋予生命质量，拓宽自然生命、社会生命和精神生命的教育。未来，我校将继续关注生命的三重属性，为师生的生命成长注入更多力量，期待每一个生命向阳而生，粲然绽放！

学习新课标，赋能新课堂

江苏省徐州市大马路小学校　刘杰　张俊　葛梦然　贺岩　等

刘杰：作为大马路小学自主成长好教师团队的领衔人，在几年的时间里，我和团队的老师一起成长，收获良多。

为了帮助团队老师专业发展，我们为每位老师设计了成长档案和成长统计表，跟进式培养，个性化地一对一引领。

我们采用"读书＋实践＋反思＋写作"的成长公式，即便是疫情防控期间，也通过线上交流的方式相聚云端，共读共享；每月上交一篇随笔，发布在公众号上。

为了发挥团队成员的示范和引领作用，我们还创造性地开展了"教学周"活动，目前已举办7场。承办教学周的老师要完成"四个一"的任务：一堂好课、一场讲座、一次交流、一篇随笔。通过这种方式，对各科青年教师进行针对性的专业引领。

团队老师屡获江苏省特级教师、正高级教师、江苏省先进教师等殊荣，在各级别刊物发表文章和获奖的好消息频频传来。

更让我们欣慰的是，老师们更加痴迷教学，爱岗敬业，笑脸更加阳光灿烂，像小太阳一样照亮了学校、照亮了学生、照亮了自己，尤其照亮了刚刚走上工作岗位的、成长小分队的年轻老师们！

为了让新课标落地，有效地带动小分队的老师成长，我们采用了联合研修的方式，聚焦新课标实施了四大行动——学习内化"讲"出来、课堂实践"做"出来、反思总结"亮"出来、梳理提升"写"

出来。至今，我还清晰地记得第一次研修的情景，我们围绕"聚焦2022新课标，赋能大马新课堂"畅所欲言，预计两小时的会议延长到四个小时，当我们踏着夜色走出校门的时候，还意犹未尽、精神振奋。

年轻的郑天翔老师说："我被团队的老师们感动了，他们如此热爱教师这份职业，对每个孩子都那么温柔无私。"

刘海岸说："我最大的收获是发现自己平时的教学本末倒置，应该从学生角度出发，考虑他们需要什么。"

吴莹说："我要向散发耀眼光芒的老师学习，努力靠近光，追随光，最终也成为散发光芒的优秀教师。"

随后，青年小分队的老师们面向全体教师"亮"出了他们的课堂实践成果。我们就是这样通过主题化、系列化的联合研修，通过每个学科的领衔人对青年教师的悉心指导、专业引领，让他们呈现出了良好的精神风貌。在这个过程中，出现了许多让我们惊喜和感动的故事，那些难忘的瞬间、关爱的温情、生命的唤醒、共赢的喜悦带给我们更多思考、更多力量。下面分享一下语文学科的领衔人和徒弟共同成长的故事。

刘杰：两年前，我带着青年成长小分队的贺岩、葛梦然等年轻教师组建了项目化学习研究小组。当时他们还都是刚刚参加工作一年多的新手教师。

我们首先共读了夏雪梅博士的《项目化学习设计：学习素养视角下的国际与本土实践》这本书，然后选定了二年级上册第三单元，开始了"我是中国娃"项目化学习的课堂实践。

贺岩：设计什么样的驱动性问题才能吸引学生主动进入真实情境，发现和感受学习的意义和乐趣呢？我们左思右想，罗列了一些问题后，又发现这些问题要么没有挑战性，要么没有嵌入学生感兴趣的情境。我们陷入了迷茫……

张俊：和他们一样，我也在苦苦思索。就在一次外出培训时，我看到了一个外国小男孩，灵感就这样闪现了！我想起我校范老师的妹妹在美国生活，有一个可爱的混血儿子小八。让学生们向小八介绍中国的传统文化，这不就是真实而有挑战性的任务吗？想到这里，我兴奋地从床上跳了起来。同屋的南京拉萨路小学的老师诧异地问我："你怎么了？"我把前因后果告诉了她，也得到了她的肯定。于是，我立刻把想法发到研究小组群……

葛梦然：看到这个消息时已经很晚了，但顿时困意全无，小伙伴们你一言我一语，在群里展开了热烈的讨论，仿佛我们接下来要做的不是工作，而是一起出门旅行。

贺岩：张校长帮我们联系上了小八，项目顺利开展。

驱动性问题就是有这么大的魔力，它潜入孩子们的心底，推动他们去探索、发现、成长。

张俊：这个项目在我们的边学边做中结束了。我督促她们及时整理、总结、反思，形成完整的过程性资料。

"我是中国娃"在 2022 年的全国项目化学习案例征集与评选中获得了三等奖。它是从全国 3369 个参评案例中遴选出来的，获奖率只有 8.5%，这对于刚刚工作两年的他们而言，特别了不起！

葛梦然：项目化学习研究就像潘多拉魔盒一样，深深地吸引着我们，我们就像走火入魔一样，痴迷于对它的研究。

很快，2.0 版的"我是小小观察员"诞生了。

依托真实的情境，孩子们人人化身观察员，觉得自己就是法布尔、叶圣陶的同伴，格外地投入。接下来，看看他们是怎样研究的。

学生王慕伊：各位老师，大家好！今天，我带来了我在学习过程中的一份项目成果——我制作的《秋天的银杏树叶》Vlog。这里面记录了我坚持 27 天持续观察家门前两排银杏树的过程。在最初的观察中，我有发现银杏叶变化的惊喜，也有发现银杏叶变化不大的小小失落。于是，我改变观察方法，由原先每天只观察几片叶子，改为观察整棵树的变化,这样就能更直观地发现它的变化了。第27天,小区里的银杏大道终于彻底变成金黄色了,金光灿灿,美极了!经过这段时间的观察,我发现,大自然真的像一个魔术师,太神奇了!在这个过程中,我认识到了坚持的重要性。如果没有坚持,就看不到最后满树金黄的美景!我还学会了思考,学会了观察的方法,而且,为 Vlog 配音还锻炼了我的表达能力。这种学习收获真的是太大了!我非常喜欢这种学习方式!

学生于一飞:今天我给大家带来了我的小鹌鹑观察日记。我家的鹌鹑又下蛋了。这次,我们准备孵化鹌鹑蛋。首先,把鹌鹑蛋小心翼翼地放在水床上,盖好保温棉。七八天后,我发现鹌鹑蛋上面布满血丝,还有一颗跳动的小心脏,多么让人激动啊!第17天,我听到了"咚咚咚"的啄壳声和"啾啾啾"欢快的叫声,小鹌鹑就要出壳了。刚刚出生的小鹌鹑,羽毛湿漉漉的,瘦瘦的,连蹦带跳,可爱极了!在这个过程中,我感到生命真的是太神奇了,我们每个生命都很了不起!

张俊:谢谢孩子们!孩子们的表现就是教师成长最好的见证!我惊喜地发现,在"我是小小观察员"这个项目研究中,团队成员们对驱动性问题的理解已经由概念走向了深度认知。

葛梦然:我们从对项目化学习一无所知,到有了初步理解,这与自主成长团队的引领密不可分。在小伙伴们的合作探究中,我渐渐明白,问题是否有"驱动性",不仅取决于问题能否支持学生"像专家一样思考",还取决于学生对这个问题的探寻意愿,能否使他们"深度卷入"。

我不禁想到了于永正老师的"儿童的语文"。当语文学习走进儿童的生活,成为儿童生活的一部分,他们所产生的动力与潜力会远远超出我们的想象。在这个过程中,我也由衷地爱上了教师这份职业,爱上了走进生命里的每一个孩子。

贺岩：从加入项目化研究小组，跟随自主成长团队的老师们一路走来，我内心收获最大的就是感动。我曾以为教师这个职业，做久了就会倦怠。但是，我看到的他们，在分享驱动性问题时像孩子一样兴奋；在读书交流时似火般热情洋溢；在我低迷时，他们以自己的坚持给了我动力；在看到孩子们的点滴转变时，他们热泪盈眶……一切无声胜有声，他们用行动诠释了什么是深深的热爱，什么是把儿童放在心中。我也真正明白：因为热爱，所以我们可以不断创新；因为热爱，所以我们可以无所顾忌地坚持；因为热爱，所以我们勇往直前……

刘杰：感谢团队老师和小分队的伙伴们，刚才展示的是聚焦新课标研修活动中发生的感人故事。

我们的第四场研修也顺利开展并且有了丰硕的成果。在鼓楼区优质课比赛中，我们学校有10位青年教师参赛，8位获得了一等奖，他们写的论文也在杂志上发表。

我们就是这样帮助新入职的年轻教师走上了成长的快车道。刚刚工作不久的他们，不仅站稳了讲台，还对教育、对课程、对儿童有了自己的理解。更可贵的是，他们在向着专业型教师跃迁的过程中，精神生命也在同步成长着！我们看到一代代教育人血脉中涌动的师魂、师德和智慧，正在他们身上传承和延续。在走向未来的图景里，他们一定会像我们大马路小学的校标——"太阳花"一样，展现出朝气蓬勃、明媚灿烂的模样！

每个人都在长成一棵树

江苏省徐州市华润小学　郑晓薇

朱永新先生在新教育实验的道路上，把"过一种幸福完整的教育生活"作为教育的理想。华润小学紧随徐州教育高位发展的脚步，理解和践行为党育人、为国育才的历史使命，将新教育实验的理念与学校发展深度融合，十年间走出了"名校＋新建校"的集团化办学新格局、新品质。

一、一颗种子，正悄悄萌发

华润小学是云兴教育集团的第一所分校，她于2013年在30中借地办学，彼时一切都是零起点。依托云兴集团母体资源，从2013年集团选派干部和骨干教师到分校的"输血"支援，到2015年分校骨干教师培育新校自身的"造血功能"，这个转型促进了集团化办学健康、协调、可持续地发展。最先进驻的8位老师，带着一份种子情怀，把云兴教育的生长性和使命感植入了30中校区。未有金针亦度人，他们沉心静气，在校本课程、课堂改革、科研育师、精细化管理、校园环境、校园节、亲子园等系列活动中，写出了一段段爱满云兴的佳话。10年间，从初期的8名教师，4个教学班，140名学生，到如今的214名教师，84个教学班，3500余名学生，华润小学的发展实现了大跨越。正如新教育实验一样，我们以教师的发展为起点，引领学生、学校不断前行。这是一段饱含情怀的教育发展之路。

二、文化浸润，教育的力量深深扎根

新教育告诉我们，幸福比优秀更重要。幸福源自优秀文化的浸润，幸福源自共同奋斗的凝聚力。我们将新教育追求师生幸福的理念深深融入校园文化之中，构想了学校的文化蓝图。华润小学传承红色基因，以中华精神润养童心，把"润志教育"作为学校育人的价值追求，以丰富的教育实践回应"培养什么人，怎样培养人，为谁培养人"的教育初心，营造人人在校园中生长的幸福氛围。

何为"润志教育"？我们凝练了这样的文化表达："办一所扎根中华、向上向美的未来学校"的办学愿景、"每个人都在长成一棵树"的教育哲学、"具有家国情怀、追求成长的新时代儿童"的育人目标。"志"是我们的文化之魂，"志"为立报国之志，有家国担当；承先贤之志，有文化自信；弘时代之志，有国际视野。"志"是教育价值的指向，"润"则是养"志"的方式，更强调在文化的浸润中，在场域的浸润中，在课程的浸润中，让学生立下报国之志、先贤之志、时代之志。这样就能通过对优势潜能的激发，唤醒和调动师生内在自主的成长动力，实现人全面而有个性地发展。

我们深入推进学校文化内涵建设，坚持核心素养导向，聚焦培养学生一辈子都需要的素养，包括创新能力、批判性思维、公民素养、交流与合作能力、自主发展能力、信息素养等，教给学生一生有用的东西。

三、卓越课程，滋养师生向上生长

课程的卓越决定着生命的卓越。一路走来，我们开发了许多课程，那么什么样的课程才是好的课程，才是滋养生命的课程呢？在实践中，我们依托学校文化，构建了"润志生长"课程体系。

课程图谱以一棵大树的形态呈现，体现了"每个人都在长成一棵树"的教育哲学。课程分为四大板块：立干课程、培枝课程、润叶课程和养根课程。

立干课程：指向国家课程，扎实基础，主动生长。

2022年版课标以素养为导向，强调结构化、大概念、大单元教学，这就需要在每一节扎扎实实、灵动智慧的课中引领学生找到知识间的内在联系和实践价值，体验有意义的学习。

培枝课程：指向学科拓展，特色生长。

它包括"成长书"仪式课程、"嘉年华"校园节庆课程、"家国情怀"全学科系列课程三大课程群落。

润叶课程：立足每一位儿童，润泽个性生长。

我们打造了"慧智园"社团课程，开设了语言类、艺术类、戏剧类、竞技类、科创类等79个兴趣社团。

养根课程：指向"五育并举"，全面育人。

我们用基础课程中的10%进行跨学科课程群建设，构建了"服务+"德育课程群、"趣味+"智慧课程群、"健康+"体育课程群、"艺术+"美育课程群、"创想+"劳动课程群，植根"五育并举"，为儿童的未来发展奠基。

基于学校特色构建的"家国情怀"全学科系列课程是学校的品牌课程，包括"培植家国情怀的小学英语综合性学习"课程、"史说科技"小学中国科技史课程、"读中国"整本书阅读课程、"润志少年"

特色德育课程等，培养儿童富有责任与担当的家国情怀。

四、教师成长，做一棵树，寻一缕光

朱永新先生说："教师是教育过程中最重要、最关键、最基础的力量。没有教师的发展，学生的成长就成为无本之木；没有教师的研发，课程就会成为无源之水；没有教师的实践，理想课堂就成为水中之月。"

新教育实验，以教师专业发展为起点。

教师成长，才能带来儿童的成长。我们根植学校文化，深化"润志生长"好教师团队建设，赋能每一位教师。我们团队的目标是：形成"润志·生长"价值共识；探索专业跃进生长路径；提升协同共生综合育人效能。

我们的团队建设愿景是：培育新时代教师之"志"；倡导教师教育方式之"润"；追求新时代教师之"自生长"。

"立德之志"，以德立身，以德立学，以德施教，做学生健康成长的摆渡人；"立言之志"，精进专业成长，凝练育人主张；"立功之志"，坚定理想信念，担当民族复兴教育大任。

在思想多元、教育内卷的教育现状下，我们倡导教师践行润物无声、春风化雨的教育实践，追求润泽生命，成就生命的幸福感。

我们构建了"润志生长"好教师课程，为全体教师定制成长资源包。资源包包括教师"润心"课程、"文心书院"课程、"种子进阶"课程，让学校的每一位教师都能有一次指向积极情绪的心育体验，有一场从阅读到写作的思想之旅，有一条从种子教师到卓越教师的成长之路。2018年，我们成立了文心书院，初衷就是通过阅读推动教师专业发展。一开始，我们进行阅读分享，随着阅读的积累，开始尝试读写结合。文心书院的老师们在课题立项、论文发表、论文获奖中都成为全校的标杆。我们看到学习共同体对教师发展产生的强大力量之后,根据"种子进阶"课程组建了种子成长营,对1年期的种子教师通过"青蓝工程"双导制师徒结对、"润志·生长"杯学科竞赛、成长档案记录袋等形式,引领他们迅速成长;对3年期的新芽教师,通过"四个一"计划,培养他们尽快成长为教学熟手。5~7年的骨干教师已经能够独当一面,引领青年教师。卓越教师可以在时间与经验中凝练个人学科育人主张,引领学科特色发展,通过校级名师工作坊、"影响力学科"推动教师专业高层次发展。成长营从师徒结对、"三字一话"开始,夯实基础,优化课堂教学。当教师需要进一步提升专业时,我们就发挥"大学+小学""名师工作室+校内工作坊"的作用,为教师提供更大的专业援助。

一支队伍能够稳定积极地走下去,离不开团队的凝聚力。我们通过主题团建活动和"星教师"榜样示范来强化团队文化,凝聚更多的教师积极生长。"减压四点半""班主任悄悄话"等活动发挥心育教师的作用,让教师健康生长。在文心书院,"润读""笃行""启思""炼智"四类课程指向教师"三专"成长模式。"润志生长"好教师课程,为每个发展阶段的教师提供了进阶成长路径,使人人都能找到生长的着力点,成为童年的守护者、教学实践的创新者、爱与知识的传递者、健康成长的摆渡者、精神文化的培育者。

五、口才实践,让生命的大树自信昂扬

新教育认为,语言是文化的化石。我们在语言表达中展现"具有家国情怀、志趣成长的新时代儿童"形象,用语言表达我们的校园文化,通过多元的活动,在立体场域和真实情境下,激发孩子的表达欲望,提升孩子的语言素养,展现生命的美好。

"十好"教育,从读书、问好、交谈开始。对新入校的孩子,我

们通过读好一篇课文，大声说一次"你好"，完美回答一次问题，在孩子心中种下语言的种子，让好的表达习惯释放每个孩子内在的卓越潜能。

"书润童心"，在学校这座大图书馆中学会表达。学校随处可见的童心书吧，都是孩子们争相表达的舞台。在这里，孩子们讲故事，诵古诗。以"小学英语阅读与主教材融合的教学研究""'素养本位'视域下的小学语文'整本书阅读'课程构建"两项课题为引领，我们整合英语和语文学科优势，形成七大语言课程群落，即"国家基础课程"（ENJOY Class）、"绘本阅读与自然拼读"（ENJOY Reading）、"国际文化"（ENJOY Show）、"社团"（ENJOY Club）、"戏剧"（ENJOY Drama）、"世界环游课堂"（ENJOY Trip）、"语言类项目化学习"（ENJOY Task）。这些课程不断丰富孩子的阅读体验与表达素材。

指向学科素养的口才培养。2022年，"培植家国情怀的小学英语综合性学习"在江苏省课程基地立项。聚焦用英语讲好中国故事，孩子们通过向外国人介绍徐州景点，成了"家乡小小推介官"；用英语向外国人讲述中国榜样人物的故事，成为"中国榜样宣讲员"；用英语向外国人讲述成语故事，让中国传统文化走向世界。在"家国情怀"全学科系列课程中，语文课程聚焦"读中国"，吟诵古诗词、演绎课本剧，置身祖国大好河山演讲、朗诵。科学课程聚焦中国科技史，讲四大发明的故事，讲中国航天的故事，将枯燥的科技变得灵动起来。数学课程将绘本与思维相结合，读数学绘本，讲数学故事……学科素养导向的口才培养，让孩子的语言表达更加专业，更具有逻辑性，更加自信。

主题寻访，在交流与表达中历练成长。学校定期开展"红领巾寻访"，访先锋，访模范，访英雄，不仅让孩子们体会到了榜样的力量，传承了红色基因，弘扬了革命精神，也通过采访这一交流形式，学会了语言技巧，体会到了语言的魅力。

纪念日研学，在语言表达的综合性学习中多元生长。 学校设立了读书节、教学节、体育节、艺术节、科技节、英语节六大校园节，贯穿全年，异彩纷呈。我们在学生中弘扬劳动精神，引导学生崇尚劳动、尊重劳动，开展光盘行动、垃圾分类主题活动，每周举行主题升旗仪式，以劳启智，以劳育德，让孩子拥有幸福生活的能力。通过博物馆研学、国防教育周、学雷锋活动等研学活动，儿童不断开阔视野，丰富语言素材，提升品格。

"成长书"仪式课程，为表达创造时空场域。 "开启梦想，幸福生长"入学仪式、"请党放心，强国有我"开学典礼、"红领巾心向党"入队仪式、"10岁遇百年，少年心向党"成长仪式、"愿你此次远行，归来仍是少年"毕业仪式，其中有孩子们感人肺腑的表达、别开生面的讲述、慷慨激昂的演绎，卓越口才在丰富的场域中得以呈现。

华润小学通过文化、课程、丰富的儿童表达场域，讲述着教育的故事。朱永新先生说过这样一段话："我欣赏这样的教育境界：心中有太阳，脸上有笑容，嘴里有歌声。"这正是教育中人人幸福的样子。华润教师愿意成为中国教育的建设者，耕耘不息，相信种子，相信岁月。

帮助每一位孩子圆一个"口才梦"

江苏省徐州市金龙湖小学　张红霞　李煦莹　等

让孩子们敢说、愿说、说好

2020年8月，我和一群志同道合的老师从四面八方来到这所新建校，眼前的一切都是崭新的。我们共同思考着如何让一所新建校焕发出朝气蓬勃的活力，如何让"适性扬才，由学而能"这一办学理念落地。

随着学校的活动越来越多，师生展示、主持的机会也越来越多，我们发现师生们拥有表达能力太重要了！培养师生卓越口才的突破口在哪里？怎样让孩子们敢说、愿说、说好呢？

语文学科出身的我，喜欢听故事，更喜欢讲故事。我还清楚地记得三年前我讲的第一个故事是《邱少云》。我在准备这个故事的时候，一次次地被邱少云烈火烧身、纹丝不动的悲壮场面感动着，一次次泪流满面。我以为跟孩子们讲述故事的时候自己已经能够控制住感情和泪水，然而事与愿违。故事讲完后，我走出广播室，一个女孩眼圈红红的，抹着眼泪对我说："张校长，我第一次听到这个故事，太感动了，邱少云叔叔为了不暴露部队的目标，为了战斗的胜利在烈火里足足被烧了30分钟，他得多疼啊！从您哽咽的声音中我知道您哭了，我们班同学哭了，我要回家把这个故事讲给爸爸妈妈听。"

听到这儿，我的内心一阵温暖。这，就是教育该有的样子。孩子们愿意表达所见、所闻，乐于分享所思、所感，我们的孩子就要这样，充满自信！由学而能，那就从学校的广播站讲故事开始吧！

于是，我们的"金喇叭"广播站正式运营啦！每日一主题，师生全参与，周五则是雷打不动的"校长讲故事"。受到孩子们的追捧，我们四位校长都拥有了众多的小粉丝。

为了全面推进口才培养，我们进行了细致梳理："金讲台"主要在课堂教学中落实，"金话筒"聚焦培养主持人，"金舞台"为班级和学生提供展示的空间。由此，我校培养卓越口才的"四金"模式形成了。由"四金"衍生出来的LOGO、文化衫等已成为我们独有的文创。

培养卓越口才的动人故事，在我们学校数不清也道不尽。愿我们的每一位孩子圆一个口才梦，培养卓越口才，让生命绽放！

（校长张红霞）

"卓越口才"课程

朱永新先生说："课程的丰富决定生命的丰富，课程的卓越性决定生命的卓越。"为此，学校积极研发卓越口才课程体系，开设了"金讲台"基础进阶课程和"金讲台"主题特色课程。基础进阶课程的实施时间定为每班每周固定一节的"表达课"，主要由学科教师实施；主题特色课程实施的时间放在课后延时阶段，专门开设富有口才特色的社团课程，由专职教师担任。同时，学校外聘了徐州广播电视台的刘万春、吴宏建、聂莹宸，以及江苏省柳琴剧院的专业演员王玉琢老师定期到校进行指导。就这样，孩子们的口才慢慢走向了专业、卓越。

课程实施的主阵地在课堂，学校倡导所有学科教师在课堂上给孩子一个"讲出来"的舞台，构筑了独具学校特色的乐问启慧、乐动研慧、乐思深慧的"三乐三慧"理想课堂。探索卓越口才的"乐、问、动、享、慧"的有效实施样态，以及多维评价体系，鼓励学生在课堂上乐提问、乐表达、乐实践，由"乐"到"慧"，由质疑到讲出来。落地课前5分钟，语文由低年级的读绘本、讲绘本到高年级的读书分享、新闻播报、辩论赛等；英语课上的趣配音；数学每节课的好题分享、难题一讲，每月"数学文化我传承"；艺术课上的"说说我的创作"……这些口才环节，都是让学生站在课堂中央的精心设计。

我校所有学科都在推进"金讲台"乐讲计划，在实践中不断地探索、完善、求新，真正构筑育人导向下的理想课堂，给孩子们搭建一个展示卓越口才的平台。

（副校长赵远）

"读不完"的绘本

今天，我和大家一起分享我和小二班孩子们的故事。

我们的故事要从2021年那个炎热的夏天开始讲起。那个暑假，我们遇见了新教育，所有的老师都利用暑期充电，为开学前的新教育实验工作做好充分的准备。在那个盛夏，我遇见了一群活泼可爱的孩子。那一天，阳光明媚，我们如约来到了属于我们的教室。当我看到孩子们那一张张天真灿烂的笑脸，内心的忐忑与不安瞬间烟消云散。从那一刻起，我暗下决心，要在这间教室里记录属于我们自己的故事。就像朱永新教授说的："教室是一根扁担，一头挑着课程，一头挑着生命，目的是书写着生命的传奇，让所有的生命都得到最大的舒展。"

在课上，我发现孩子们特别喜欢听我讲绘本故事。看着他们在听我讲故事时那一双双专注的眼神，我觉得绘本可以成为我们沟通的桥梁。于是，我和孩子们的一年级绘本课程开始了，每周五都是我们的绘本阅读时光。渐渐地，我发现，孩子们在悄悄地成长，一本本绘本让孩子们学会了勇敢、诚实、善良，学会了坚持梦想。这让我感受到绘本充满魔力，是开发孩子们好品质的宝库。

我觉得孩子们的自主阅读习惯还需要培养，于是就利用午休的时间，与孩子们开启了绘本分享之旅。就这样，图书角的绘本读完了，我就从家里将儿子的那些未拆封的、暂时读不懂的绘本带到学校里，与班级的孩子们一起分享。我还会给孩子们分享我儿子的阅读故事。不知道从何时开始，班级里的"小书虫"越来越多了。下课期间、午休时间，都可以看到他们捧起书本，津津有味地阅读着。

我们班的孩子不仅喜欢读绘本，更喜欢做绘本。一年级学完拼音之后，我做了个大胆的尝试，找来几个喜欢画画的、想象力丰富孩子做起了"拼音绘本"。当那一本本拼音绘本呈现在我眼前时，我简直被孩子的创作惊呆了。我迫不及待地把作品分享给大家，就此开启了我们班绘本的创作之路。从第一本个人的"拼音绘本"制作到班级合作的第一本"童谣诗歌集"，再到班级的"四季诗歌集"，以及根据不同主题创作出来的许许多多的精美绘本，孩子们的每一个作品都让人赞叹不已。他们一笔一画地记录着美好的发生。不仅我们班，我还带领年级组的小伙伴们开启了绘本制作之旅。我们的特色作业、春游实践活动记录，还有必读书目的成果展示，都用绘本的方式呈现。

除了读绘本、做绘本，我们也不忘将培养卓越口才纳入绘本课程。利用绘本课以及语文课的课前5分钟，我们将孩子们制作好的绘本或他们喜欢的绘本与大家分享。我是怎样做的呢？

当绘本创作遇见卓越口才，会发生哪些化学反应呢？请大家听一个小故事吧。有个自信乐观的小女孩叫小花，一年级时，她还是一个羞涩安静、不敢表达的小女生，总是安静地坐在教室一角。在一次绘本课上，我讲了《大脚丫跳芭蕾》的故事，没想到点燃了她的芭蕾梦想。她让妈妈把大脚丫系列绘本买回家，每天爱不释手。慢慢地，她开始有了改变。后来，她的妈妈告诉我，小花很喜欢读绘本故事，也想参与班级课前5分钟的分享。于是，我鼓励她登上班级的小舞台。经过不断努力，小花的首秀赢得了小伙伴们雷鸣般的掌声，我看到了小花开心自信的笑容。渐渐地，越来越多的孩子像小花一样，敢于尝试、展示自己，我就在班级里举行了"故事大王"比赛，孩子们兴致勃勃地讲述着绘本故事。在这次比赛中，小花崭露头角，变得更加自信。学校的所有活动她都主动参与，她可以是"运动花""歌手花""舞蹈花"，还摇身一变成了"解说花"。总之，我眼中的小花在悄悄地成长与绽放！小花的卓越口才，得益于绘本，得益于她遇见的新教育。小花的成长故事只是众多孩子的一个缩影。绘本和口才，在这里就像水和鱼儿。

绘本改变着我们每一个人。我们班每一个孩子都在这间教室里成长，向善向上。绘本虽小，却是孩子成长的大世界！感谢新教育，让我从无到有，从无从下手到敢于尝试再到现在的乐在其中。金龙湖小学的每间完美教室都有着动人的故事，我只是其中一个，我也有幸成为其中的一个。感谢新教育让我在教育生活中遇见更美好的自己！我更希望站在学校的"金舞台"上，让卓越口才和绘本完美结合，将读不完的绘本与美好带给每一个人！

（语文教师李秉恕）

金豆齐绽放

小时候，我是一个不善言辞的女孩，没有一技之长。长大后，最怕填简历，因为每每问到"特长"，我都无言以对。直到成为教师，有了属于自己的舞台，因为热爱，我遇到了另一个自己。"适性扬才"，不仅适了学生的性，也扬了教师的才。一次次主持历练，让我由学而能。现在的我，你们相信曾经内向到不敢发言吗？

正因为自己尝到了卓越口才的甜，才更要让我们学校的每一位师生都来尝一尝。金龙湖小学的卓越口才培养已有了自己的一套体系，"四金"模式让这里遍地撒满小小的种子；课程拓展延伸，让每一个小金豆茁壮成长。现在，我来说说在推进卓越口才培养的时候，我们是如何为师生搭建展现自己的多维平台，让我们的小金豆绽放光彩的。

我们建立了"金喇叭"广播站，除了每日开播，还将校园日常的随笔、征文活动命名为"金喇叭随笔""金喇叭征文"。为什么这样命名呢？很简单，只要是优秀的随笔、获奖征文，我们就会同步安排在"金喇叭"播出，由获奖学生亲自主播，这极大地增强了学生动笔写一写的兴趣。2022年9月，学校来了新朋友——孔雀，我们随即搞了个"我为孔雀起个名"征文比赛。优秀作品在登报的同时，也在"金喇叭"广播站轮播。从此，在每个学生的心目中，孔雀有了专属于自己的可爱名字。

再说说"金舞台"，它可不仅是学生展示自己的平台，还代表着我们学校口才的最高荣誉，因为我们把"金舞台"徽章设为每次活动的最高奖项。当二（6）班李熙薇的妈妈骄傲地告诉我"又收获一枚金舞台徽章"时，我的喜悦油然而生！这是来自孩子和家长的自豪，更是我们播撒下的一粒粒金种子的绽放！

我们利用周边资源，带师生走进经开区图书馆，学生在湖畔小舞台展示，教师为家长领读；我们利用公众号，开通学生、教师、家长展示的通道。口才的培养，其实就在我们生活的点点滴滴中。学校坚信"适性扬才，由学而能"，只要尊重每个师生的起点，相信他们的发展潜能，注重他们的自信表达，相信在金龙湖小学这个校园里，一定能开出朵朵口才之花！

（"培养卓越口才"项目领衔人张晨晨）

乘着神舟去摘星星

当神舟十六号发射成功的消息传来时，整个徐州都沸腾了，因为其中有一位徐州籍航天员——朱杨柱。作为航天班的一名老师，我第一时间就让孩子们观看了发射直播，没想到还收获了一份意外惊喜。第二天来到学校，小蔡激动地跑到我跟前，对我说朱杨柱是她爸爸的校友时，我的眼睛都直了，必须得安排上！于是就有了小蔡和爸爸妈妈自主策划的一场关于朱杨柱的介绍活动。航天班可能给她的只是星星点点的航天梦，但是作为她爸爸校友的朱杨柱代表中国登上太空的那一刻，她的梦想更具体了。

那一天的汇报，我捕捉到了孩子们的眼神，个个都是放光的。一个近视的小朋友感慨着：原来戴着眼镜也是可以登上太空的；有一位小朋友发誓说：原来可以把科研工作搬到太空去，我现在就好好学习；还有一位小朋友低声呢喃着：等我登上太空的时候，是神舟几号了呢？朱杨柱点燃了我们航天班的航天梦。

说到"航天班"这个名字的由来，真的是一次机缘巧合。作为新老师的我，初次做班主任，恰逢新教育，起一个什么班名好呢？这时，《天宫课堂》太空授课第一课开讲了，我们学校作为科技示范校，非常重视培养孩子们的航天精神，学校组织全体学生收看《天宫课堂》。就是那一次契机让我们选择了"航天班"的班名。说干就干，不到一个星期，我们就确定了班名、班徽、班旗、班诗、班级愿景、班级口号，"航天班"应运而生。多幸运啊，我遇到了这一群可爱的孩子；多幸运啊，我有如此支持我们航天梦的家长们！

　　在航天班里，其实不是每一个孩子都让我省心的。航天主题"说说我的梦想"分享会上，其他孩子都积极发言，但小姜一言不发，只是低头在草稿纸上画着什么。我走下讲台，来到他身旁，他立马把草稿纸捂了起来。"没关系，我看看你画的是什么？"在我不断地鼓励下，他终于给我看了他的画，上面是一艘五颜六色的宇宙飞船。"你画得可真不错，带着画来和大家说说你的梦想是什么吧！"他极不情愿地走上讲台，磨蹭着就是不开口。我们耐心地等待着，不知道是谁带头鼓起了掌。"我长大也想成为一名宇航员。"气势很不足，但看着他脸上坚定的神情，我决定帮助他"实现"梦想。

　　第二天，我带着准备好的材料来到了教室。"孩子们想不想亲手制造宇宙飞船啊？"孩子们都兴奋极了。小姜展示着他的设计图纸，为同学们介绍制作过程。一开始，小姜还红着脸不好意思，随着同学们越来越多地向他请教，小姜也慢慢活跃了起来，有模有样地指导着同学们。在征得孩子们的同意后，我将迷你版的"航天飞船"送给了小姜。

　　事后，我一直关注小姜。这孩子像着了迷一样，周末也要去图书馆阅读航天相关书籍，每天早起锻炼身体……对于他的航天梦，家长也是非常支持。2022年暑假，小姜的爸爸妈妈专门带他走进了他的梦想大学——北京航空航天大学，还带回来一本会站立的航天书。

　　小姜也从一开始的犹豫畏缩，到后来主动请缨；从起初目光闪烁、声若蚊蝇，到后来自信大方、口若悬河。这，其实就是成长吧！

看着小姜一步步成长的样子，我想到了其他的航天娃娃。是不是我也可以带着他们实现梦想？培养卓越口才是我们的办学特色，我也试图在学校的引领下，用口才点亮我们的航天班，让航天班的娃娃也因为口才绽放自己的光彩。谈到学校的"四金文化"，除了落地"金讲台"，我们也有航天班的课前演讲，我的语文课堂上也特别注重孩子们的语言表达，抓住语言基础进阶课程。我们二年级的主题是"校园宣讲员"，我带着孩子们到校园航天展区进行介绍。学校还有固定的口才特色课程，是每周五的社团活动，我也带孩子们积极参加。

我一直在思索着，一直在努力着，不仅停留在口才方面的锻炼上，而且形成了一种固定的思维。我开始留意学校的每一次活动，力图与我们的航天班挂钩，让航天梦更亮一些。

学习航天精神时，我们认真求实；遇到难题时，我们勇于攀登……足球赛场上，我们同舟共济，团结协作。慢慢地，我感受到了航天不仅仅是一种无形的文化，更是一种深入内心的品质。

今天，中国航天的火种越来越亮，新教育的春风越吹越有劲。我和我的航天娃娃们在"培养卓越口才"的这块沃土上成长、绽放！

（班主任于海燕）

热爱，才是最新驱动力

江苏省徐州市云苑路小学　魏群

苏州市新教育研究院常务副院长陈东强说：新教育年会究竟是什么？它是研究成果的发布会，区域形象的展示会，先进榜样的分享会，专业引领的名师会，同道中人的大聚会。新教育年会好在哪里？它以人为本，以真为美，以新为主，以情感人，以实为赢。我想说：唯有热爱，方才真、实、新、美。热爱，才是最新内驱力。

作为校长，我的使命除了必须做的物型文化建设，还有培养师生的核心价值观。我到云苑189天，大家所看到的物型文化是政府建造的，是集团校长和我的上一任校长们给予的。我要考虑的是，怎样给予师生民主、自由、幸福，让师生"过一种幸福完整的教育生活"；不断创新智慧教学方法，改善阅读学习生态，提高学校教育品质；努力实现"教师的行走方式、学生的学习样式、教育的科研范式、学校的发展模式"四大改变。做到这些，就要立足实际，践行新教育十大行动，丰厚学校文化内涵，充盈学生的生命体验。

教师行走的路，幸福且坚定。云苑有104名教师，平均年龄30岁，近5年入职率95%。看到这些数字，我脑海里的判断是：他们正处于家庭初建期、孩子幼小期、个人成长与事业发展的同步上升期、步入社会适应期，同时也是幸福指数偏低期。我想，只有教师幸福了，才能教出幸福的学生；只有学生幸福了，他们身心才能健康成长。让每位教师都成为学校的主人，自发地从下而上地生长，让每位教师渴求进步，就成了我的工作重心。

藏书室一排排的书，立在那儿是固定资产。800平方米富丽堂皇的阅览室，搁在那儿闲置是资源浪费。所以，我要求藏书室、阅览室全天候开放，教职工可以随时借阅。想读且学校没有的，登记下来，学校下单购买。教师每周都可以带学生在这里上课，让资产无限放大。

学生学习样态，自然且自信。 清晨，当孩子们背着书包走进学校，我想他们不仅是来学习的，更重要的是来生活的。涂鸦是孩子们的天性，过去我们习惯于用制度约束孩子，不允许他们乱涂乱画，甚至批评加教育。但教室门前连廊里的石灰面依然是又脏又乱，怎样才能引导孩子们关注和爱惜、维护墙面呢？交给孩子们，他们定会还你惊喜。于是，孩子们用灵动的双手留下了美丽绘本墙。三年级学生负责绿植护卫，只要是雨天，这些小花小草都会整齐地排列在露天走道上，开心自在地喝雨水。

我想，如果校园里或童年里没有闲暇，没有热爱，就没有自由的心灵；没有自由的心灵，就没有惊奇的发现；没有惊奇的发现，就没有丰富的想象；没有丰富的想象，就没有鲜活的创造。所谓闲暇，不是懒散，而是人类精神的自由与解放，是心灵的富足，行动的自主。于是，我们设计了个性化定制的课后服务课程，跨年级走班上课；为了多元化满足学生的兴趣爱好，我们对社团活动供给进行了结构性改革。同时，让儿童站在最显眼的地方，书香儿童、体育健将在校园张榜表彰；让作品出现在最明亮的场域，每一面墙上，孩子都有话可说；让观点发声，辩论庭上唇枪舌剑；让猜测得以验证，实验室里、显微镜下、蚕宝宝的温床上都有想要的结果；让想法变现，体验中国速度、中国高科技、火箭发射、小记者采访、我是导演、小主播上镜、校园AI导航……

当孩子们赋予校园以色彩，校园就是一幅画；给校园谱上曲子，校园就是一首歌；驻足校园对话，校园就是知己。我想，这就是教育的真谛，就是生命的价值。

科研课程范式，科学且灵动。云苑围绕立德树人、全面育人的根本任务，以"发现每个生命的意义，让每个人成长为最好的自己"为宗旨，架构基于师生需求的"两端＋中坚"三位一体卓越课程体系；开展科技创新教育，加强实践育人，实施分类培育，将拔尖创新人才的培养前置。

"元端课程"呵护学生的好奇心。维持好奇心，保持"原生"动力。

"中坚课程"奠基学生的学习力。根据校情、师情、生情，创造性地、校本化地实施国家课程。

"末端课程"激发学生的求知欲。尊重差异，关注兴趣特长，采用团体加个体、基础加拓展的形式，激发和唤醒每个学生的内在潜能，让拔尖创新型人才崭露头角。

学校发展模式，创新且高质。奋斗赋予时间意义，时光也从不辜负奋斗的追梦人。萤火微光凝聚在一起，也可与皓月争辉。我校卓越课程突出，书香满校园，社会满意度逐年上升。同时，以科研项目为引领，形成师生成长共同体，促进学校高质量内涵发展，用阅读引领教师过一种生动、温暖的教育生活。

云苑人正在过一种幸福完整的教育生活。

遇见，让每个生命都绽放

江苏省徐州市少华街小学　褚安娜

我 1991 年参加工作，春华秋实，如今已经 32 年了。能在全国新教育的盛会上和大家分享我的教育故事，备感荣幸。

32 年，虽青丝霜染，但我依然初心不改。我认为当老师就要孜孜以求，努力走进每个灵动的生命，当班主任更要有一颗懂得生命、尊重生命、呵护生命的心。

教书育人一辈子，至今也带过十多个班级了。我的脑海里，很多孩子的面庞，一个个不同风格的班级如翻阅相册一般哗哗啦啦，来了又走了。有些已经模糊，但是总有一些班级和孩子让我记忆深刻。

今天，我就讲讲两个对比最鲜明的班级带给我的职业体验。

一、遇见，书写生命的缘分

2003 年，我接手了一个二年级的班级。

这个班级乍一看和普通的班级没有什么两样儿，但是它在全校却很有名。因为它是个体育班，班上只有 4 名女生，其中 2 名女生还因为练习跳水而剪了板寸，背后看上去就是两个假小子。很多老师一进班，还没张嘴，就已经开始咋舌。这 30 多个孩子，天性未泯，不惧怕老师，个个能量奇大，花样频出，是是非非从没断过，5

年时间里，我操碎了心。我至今还记得那惊心的一幕：两个孩子因为一块橡皮而追逐，其中一个孩子从七八个台阶上腾空而起，一跃而下，她毫发无损，我却吓得脸色苍白……

我把自己的那颗爱心，那份包容和理解，都无私地奉献给了这群皮孩子：哪个孩子因为比赛缺了课，我总是及时给补上；谁因为训练挨打受罚了，我总是及时安抚和鼓励；谁父母有困难无法照料孩子了，我就把孩子带回自己的家里。

一晃十多年过去了，这些故事中的小主人以另外的一种方式回馈了我当年的辛苦和善意，让我感到无比骄傲和自豪。

我的学生黄晓民，曾获世界飞碟射击冠军；张浩，曾获全国自由式滑雪雪上技巧冠军；张煜东，曾获全国乒乓球冠军；李梓瑄，曾获江苏省女子跆拳道冠军，后从江苏省女子特警队退役，刚考入徐州特警队。作为一名老师，我不仅为孩子们取得骄人的成绩感到开心，更因为孩子们没有忘记母校和我这位小学班主任感到欣慰。

多年以后，我明白了"爱出者爱返，福来者福往"的深刻含义。那些深情的问候，那些亲昵的称呼，那些成功之后的分享与感恩，都是一份爱心使然。黄晓民知道我已经工作30年后，专门回母校向我祝贺；李梓瑄十多年来一直喊我"褚妈"，每逢节日就问候我，入伍之前还专门带着弟弟向我辞行。张浩更是多次回母校看望我，对我当年在他母亲有困难时把他带回家表示感谢。

孩子们经常带给我惊喜和感动：我的学生考上了清华大学，给我寄来一张明信片。从一开始的"褚老师"，再到后来动情地喊我"褚妈妈"，是我们十多年来感情的升华。孩子们感激我当年无论怎样都不肯放弃他们，把我当作了人生中的导师，认为我教会他们的不仅是书本，更是人生。

2019年，我又从二年级接手了一个新的班级。

如果说之前我带的体育班是一群"小皮猴"，那这个班就是一群

"乖宝宝"，总体上有些胆怯，不够自信。冰火两重天，看似不怎么搭界的两个班，却因为我有了多次交集。

少华街小学是一所百年名校，志华教育是学校的灵魂。学校冠军长廊里有很多世界冠军的介绍，他们是孩子们的骄傲和榜样。校史馆里有获得殊荣的黄晓民和张浩的介绍，我们班的小讲解员也多次把他们的故事介绍给来校参观的各级领导、老师和家长们。

于是，我萌生了一个想法：把冠军请到我们班来，和孩子们互动，讲一讲自己成长的故事；给班里的"少华好少年"颁发奖状；在操场上和孩子们一起做游戏。我还因地制宜，在班级里开设了榜样课程，适时开展"寻找身边的榜样"活动，树立身边的正能量，让榜样鼓励每一个孩子，从小立大志，树立家国情怀。听说张浩哥哥参加比赛，孩子们纷纷给他写信，给他加油、助威。

二、榜样激励，助力生命的成长

在榜样的指引下，班上的孩子悄悄发生了变化。他们勇挑重担，在各类活动中展现自己，绽放自己。新教育大力提倡卓越口才培养。一年多的时间里，我们班的孩子先后四次站在了学校"志华大讲堂"的平台上。第一期"用古文经典积淀诗意的人生底色"，第二期"构建多维立体的语文学习新格局"，第三期"童心里的诗篇"，第四期"卓越口才，给孩子飞翔的翅膀"，孩子们越讲越自信。

渐渐地，孩子们走向了更多、更大的平台。从在全校重大活动上做主持到参加省、市、区级各类演讲活动获奖，从做校史馆讲解员到代表全市少先队员发言，从向市委书记介绍六一活动到接待教育部及省、市级领导的参观考察……经过一次又一次的历练，孩子们早已从最初的胆怯内向变成如今的神采飞扬。我写的文章《卓越口才，让孩子乘风飞翔》也发表在《江苏教育报》上。

让生命带动生命，让灵魂唤醒灵魂。这四年多时间里，班级读书氛围浓郁，同学们在班级里进行了17期读书分享，写千字长文的孩子越来越多。班级的美篇平台上，一共335篇文章记录了孩子们成长的点点滴滴，目前阅读量已达到近30万。我在这一学期也写了4万字的教学日记。新教育提倡的晨诵、午读、暮省、师生共写，已经成为师生们的日常生活。

目前，我们班级是市级优秀中队，多名学生被评为省、市、区级优秀少先队员，我也荣获"徐州市优秀教育工作者""徐州市优秀班主任""徐州市新教育十佳榜样教师"等荣誉称号，但我最为在意的却是孩子们送给我的"最佳教师"的奖状。

三、传帮带，绽放生命的精彩

在新教育的指引下，作为市级班主任工作室的成员，我在两年多的时间里做过"家校共育""班主任管理""幼小衔接"等公益讲座近30场。

2023年5月，在学校领导的大力支持下，我成立了班主任工作室，带领学校40名中青年教师共同前进。工作室的成立对我而言意义重大。作为资深班主任，做好传帮带工作是我的责任。我将通过交流平台和交流群助力教师专业成长，成就他们的职业梦想，让他们都绽放出自己的光芒。

总有老师问我为什么总是干劲满满，活力无限？我莞尔一笑，因为在我心里早有答案，那就是：新教育的滋养，孩子们的成长，以及对教育事业的不懈追求，让我成为一名幸福的教师。

新教育提倡让师生过一种幸福完整的生活。与新教育双向奔赴，让每个因为我而发光的生命绽放属于自己的精彩，这就是相遇的意义！

班班有戏，人人出彩

江苏省徐州市太行路小学 宋梅

多年来，徐州市太行路小学持续开展"培养卓越口才"行动的实践探索。

一、乡土芬芳里的遇见

我出生在江苏省徐州市的一个小乡村。一个普通的农村家庭，兄妹四人，我是老四。从懂事起，就和哥哥姐姐一起帮助父母料理家务，参与力所能及的田间劳作。童年时代和少年时代的清苦生活练就了我坚韧的个性。从小，我就是村子里的"孩子王"，有很强的组织能力。春天，梧桐花开了，我带着村子里的一群孩子来到梧桐树下，和孩子们每个人手里拿着两束梧桐花，边跳边唱"我们的祖国是花园，花园里的花朵真鲜艳"。夏天的夜晚，村子里来了放电影的，我早早地把平板车推到放露天电影的地方，带着一群孩子坐在平板车上看电影。电影看完了，我带着孩子们在皎洁的月光下捉迷藏。整个村庄，都成了我们的游乐场。童年这段散发着泥土芬芳的岁月，让我有了一个朴素的愿望，那便是长大了做一名老师。我找到了自己的人生坐标，便勤奋努力，一路成长为"苏教名家"工程培养对象、江苏省特级教师，全力让自己长成一棵叫作"教师"的树。

来到太行路小学的第一天，我走进课堂，孩子们给我讲他们到田野里放风筝、捉蚂蚱的故事。看着一张张淳朴、稚嫩、略带羞涩的笑脸，我想起了小时候的自己。学校14.8%的学生来自周边12个自然村的拆迁家庭，其余的学生大多来自周边县市进城务工人员家庭。基于孩子们的特点，我和同事们围绕一个问题思考与探索，那便是怎样让这里的孩子更自信、更大方、更阳光、更出彩。我们选择了"培养卓越口才，助力人人出彩"这个新教育实验行动项目，努力为每个孩子提供出场、出彩的机会，以此提升学校办学质量，促进教育高位优质均衡发展。

二、班班有戏的出场

2022年，太行路小学"雅正童心剧场育人行动"以全市第一名的成绩被立项为江苏省品格提升工程。这是继"协同·共育·行动：场域视野下儿童品格提升的实践探索"项目之后，我和老师们一起做的第二个江苏省品格提升工程。人人参与、人人出彩的童心剧场，是孩子们最喜欢、最向往的地方。这个剧场，以课堂、舞台、生活三向度空间的剧场化为重点，让孩子们经历在场体验与个性表达的"出场"方式，融通、重构学校的育人空间，促进学生全面发展、生动成长。每周一下午的班会课时间，是孩子们最盼望的时刻。因为这个时间段是学校的"每班一台戏"时间，会有一个班级的孩子在"雅正"童心剧场面向全年级展示。这个班级的每个学生都会"出场"，"出场"的方式由学生自己决定。"最佳小演员""最佳小剧务""最佳小摄影""最佳小舞美""最佳小观众"，每个学生都能在"这台戏"里找到最好的自己。项目的深入推进，带来的是学生素养的提升。太行路小学的孩子们，在这个校园里茁壮生长。仁爱、担当、自主、创造，这些美好的品格也在孩子们身上悄然生长。

三、人人出彩的成长

卓越口才培养有场域。学校注重书香校园建设,让卓越口才培养有场域。学校规划设计了六大阅读区域:"萌发的种子"绘本阅读区、"稚嫩的幼苗"童话阅读区、"成长的小树"传记阅读区、"蓬勃的园子"地理历史阅读区、"心灵的港湾"传统文化及科技阅读区。学生根据兴趣和需求,随时、随处、随手阅读。

卓越口才培养有支撑。"雅正大讲坛",让卓越口才培养有支撑。教师们在专题研讨、名师沙龙、专家讲座等活动中,进行全方位的沟通、交流与学习,提升教学素养的同时,发展卓越口才能力。学校始终不离课堂作研究,始终不离团队谋发展,扎实推进建设教师发展共同体。

卓越口才培养有阵地。课堂是卓越口才培养的主阵地,我们打破原有课程间的壁垒,建设"小百花"综合课程群。一是高效推进国家课程,探索"培养卓越口才"学科实践的有效方式。二是构建一体化拓展课程,形成"幼小衔接课程""小初衔接课程",在各学段开展"培养良好表达习惯""提升卓越口才"主题学习。三是开发综合化实践课程,研发"我上小学了""认识新伙伴""我的十岁成长礼""我的毕业典礼""文明星秀场""我骄傲,我是中国人"等主题微课程,形成整体有序的综合育人体系,使卓越口才培养从碎片化走向系统化、整体化。

卓越口才培养有实践。学校积极探索"双减"背景下家校社协同育人体系的创新与实践,形成"家校社融合一体化",充分用好家庭小舞台、学校小剧场、社会大舞台,共同助推太行学子卓越口才的培养。太行家长学院提升了家长的家庭教育理念、科学育人水平。社会研学活动,促进学生在做中学、学中思。矿业大学研学,促进大中小学协同育人；淮海烈士纪念馆研学，感悟革命精神，传承红色基因；徐州博物馆研学，丰富历史知识，传承中华优秀传统文化；江苏梆子剧团研学，感受戏曲艺术的魅力与风采；走进劳动基地，增强责任感，体验劳动的快乐；"畅游云龙，阅走阅美"主题研学活动，走进自然，探索自然之美。

我们还有"亲子大讲坛""社会大讲坛"等活动，以及"父亲在场""平和妈妈""研学体验""公益服务""小能豆云"等家、校、社协同推动的卓越口才培养行动。每位教师，都是一粒种子。教师要努力让自己这粒种子长成一棵树，然后播撒种子，成全一片森林，郁郁葱葱、欣欣向荣。每个孩子，也都是一粒种子，未来长成参天大树，站在中国大地上，成为国家的栋梁。学校，就是一个园子。这个园子，具有协同、融通的生态。教育，就是一群先长大的孩子和一群正在长大的孩子，一起蓬勃生长。

德育的力量：守望一朵仙人掌花

江苏省徐州市太行路小学　张珮

叶圣陶先生说："教育是农业而不是工业。"这句话道出了教育的真谛！每个孩子都是一朵不同的花，他们发芽、开花的时间有的早，有的晚，开出的花朵也各有各的美。在我所任教的班级里，就有一朵仙人掌花。

小辰是一朵特别有"个性"的花，是各科老师甚至是学校校工公认的"小刺儿头"，总是爱搞一些小破坏。

那天预备铃响了，我走进教室，一眼就看到了坐在后排的他，又高又壮，满脸透着机灵，却一刻也不消停。只见他像是坐在针毡上一样，身子不停地来回扭动，一会儿抓抓耳朵，一会儿翻翻书包，慌乱地掏着这节课要用的书本。我正准备下课找他谈一谈，保安师傅找来了，说是小辰课间的时候从班级阳台上往楼下倒水。面对保安师傅的告状，他满脸不服气，就像一株带刺的仙人掌一样。对于他的调皮，我很生气，但是我知道，此时若是直接当着全班同学的面批评他，耽误整节课的时间不说，除了激起他叛逆的反抗，起不到任何教育效果。

我必须静下心来想一想，这个不懂事的孩子为什么总会有这样的行为？

家庭是看见一个孩子生长的最好的场域，学校的教育也不能没有家庭的配合。于是，我决定从常态的家访开始研究这个孩子。

我拨通了小辰妈妈的电话，想和她约一下家访的时间。可让我没想到的是，刚表达了家访的意思，小辰妈妈就像一下子被点燃了一样，顿时火冒三丈，在电话里就嚷了起来："老师，这个熊孩子是不是又在学校犯什么错了？您等着瞧！看我回来不好好收拾他一顿！他爸爸天天也不在家，我一个人又得工作又得照顾他，他到底什么时候能不调皮捣蛋啊……"这通电话让我感受到了妈妈的焦虑和巨大的心理压力。我想，也许我这个班主任应该为这个妈妈提供一点心理支持。

我找到了小辰，告诉他今天要去家访，并给他布置了一个小任务：利用接下来课间的时间画一幅画，这幅画的名字就是"妈妈什么时候最好看"。小辰眼睛好像突然一亮，说道："肯定是坐在沙发上陪我读故事的妈妈最好看呀！"原来，小辰喜欢陪他读书的妈妈。午休时间，我到学校附近的书店，先给小辰挑选了能和妈妈一起读的绘本《和孩子聊聊生命里最重要的事》，又精心地给他妈妈挑选了两本书《好妈妈胜过好老师》《遇见孩子，遇见更好的自己》。放学后，我带着这两份特别的礼物，敲开了小辰家的门。

简单交流之后，我把小辰的画拿出来，这个满脸疲惫的妈妈眼睛里流露出了感动。妈妈开始回忆这个"调皮小子"的"闪光点"——在家里能帮她做家务，有时还能给她端热水、拿药。这次的家访出奇地顺利。和早晨电话里相比，我看到了一个"平和"的小辰妈妈。

接下来的日子里，我经常和小辰妈妈沟通，聊家常。慢慢地，小辰成长中的事，她都愿意和我分享了。我也不断地向妈妈传递着这样的理念：在孩子成长过程中，妈妈的情绪是一个家庭最好的风水。妈妈的情绪平和了，不急不躁了，才能给孩子最充足的安全感，才是孩子"平和"地与他人交往最好的榜样。在此期间，小辰慢慢变得有礼貌了，会主动地说"谢谢""对不起"……

看着孩子的转变，小辰妈妈对我充满信任。在和小辰妈妈的交流中，我了解到，小辰的爸爸是个长途货车司机，时常不在家。当我跟小辰说起爸爸的时候，他眼里的光暗淡了，这个三年级的孩子无奈地说了句："我爸得挣钱养家，哪有时间理我呀？"

2023年3月，学校要举行篮球比赛，小辰怯生生地来找我，想报名参加，还跟我分享了"他爸爸从前是校篮球队的队员"的小秘密。

看到他主动参与班级活动，我别提多开心了。瞧，在孩子的眼里，父亲就是成长的榜样啊。面对这株需要"爱"的滋养的小仙人掌，第二天，我便送给了他一个崭新的篮球，并给了他一张特地向学校申请来的"周末亲子运动卡"，想请他爸爸到学校给他做篮球陪练。周六的时候，我悄悄来到学校，看着这对在篮球场上彼此切磋的父子，不忍心打扰这难得的亲子时光。我不由得想起著名心理学家格尔说过的一句话："父亲是一种独特的存在，对孩子的培养发挥着一种独有的力量。"

三周后，篮球比赛场上，我看到了一个光芒四射的小辰，传球、投篮，每个动作都娴熟且自信。他的快乐、自由、奔放在那一刻深深地感染着我。那天放学，我让拿着奖牌的小辰站在了班级队伍的第一排。一出门，我惊喜地发现，小辰的爸妈今天一起来接小辰放学，小辰也在第一时间迫不及待地冲向他们，分享自己获奖的喜悦。面对爸爸，小辰一改往日的执拗，主动拉起了爸爸的手……

篮球比赛后，小辰变得越来越自信，尤其是参与体育运动的热情特别高涨，俨然成了班里公认的"运动小健将"。他慢慢地放下心里的戒备，和我成为"朋友"。

我这个"好朋友"发挥"特权"给他谋福利，特意安排班级里两个开朗、品学兼优的孩子跟他组成小组，并把班里"体育课代表"的"大权"交给他。同时，每完成一项任务，我特意在班里大力表扬他，让他感受来自同学、集体的温暖。只要有机会，我都会叫他上台展示自己。

当小辰得知同学们投票选出的"班级之星"是他的时候，这个脾气倔强的"小刺儿头"双手接过奖状，特意举起来向我示意，表现出了溢于言表的开心。从他真诚、朴实的脸上，我看到了这株仙人掌正在慢慢地开花……

教育就是这样，像农业，春种秋收。每个孩子都有自己成长的规律，播种和收获之间，需要培育和等待。作为班主任，我们需要做的是和种花人一起"养花"，和家长一起陪伴、见证孩子的成长，让教育成为一场爱与温柔的坚持，守望花开，即使那是一株开得并不硕大的仙人掌花……

童蒙课程：让每一个成为"这一个"

江苏省徐州市万科城民主小学 姚蕊

课程是一所学校的核心竞争力，它的伟大在于能够为儿童创造无数种可能。在课程建设中，我校一直秉承"童心教育"理念，坚守"滋天性、扬个性"的儿童立场，整体建构学校课程框架，在实践中不断尝试开发课程资源，创生课程形态，构建了"童心蒙韵"课程体系，以多彩课程为儿童构筑属于自己的绽放空间，让每一个成长为独一无二的"这一个"。

"童心蒙韵"课程聚焦儿童社交、制作、探究和艺术四大本能，根据课程功能定位，构建了"语言与社会、设计与制作、探究与创新、艺术和审美"四大课程模块，形成了品德修养、情致语文、理趣数学、"科学玩+"、健体润心等九大课程群落。课程纵横联通，形成相互承接、有机联系的结构化整体，共同作用于儿童的意义世界，赋予儿童可持续发展强劲的动力和丰富的可能。

一、学玩融通：绘制"科学玩+"课程图谱

为高质量地实施国家课程，我们遵循"国家课程+"的建设路径，顺应儿童好动、好奇、好游戏的趣玩天性，绘制了"一轴两型"的"科学玩+"课程图谱。

"一轴"，即以"童玩"为轴心，建构趣玩学习样态。"两型"，

即"基础+延展"两种课程类型。基础课程指国家课程,依据学科素养目标,梳理建构了"趣味观察""创意探究""工程设计"三大课程模块。以国家课程为基底,我们进一步开发设计了"观玩""探玩""创玩"三大延展课程。"观玩"意在延展儿童的观察世界,学生在与鸟儿、花草、星辰的关联互动中,生发对宇宙、自然及生命的好奇与敬畏;"探玩"鼓励儿童在"趣玩"中探求和发现,在与实验材料、工具器械的深度交汇中,发展科学探究力,形成技术与工程的实践力;"创玩"课程软化学科边界,引导学生在跨学科学习中不断积累思维活动经验,提升在复杂情境中解决问题的能力。

探月课程是本学期延展课程领域的新思考、新实践,是基于科学教材中地球与宇宙科学主题的延展与生发,围绕"望月、奔月、畅月"三个不同的目标,设计三个学段的学习任务。低学段聚焦"月亮形状大探秘"主题,引导学生通过观月形、读绘本、做实验等活动,简单描述月相原理,培养他们的审美力与想象力;中学段基于"在月球上升起五星红旗"的驱动性任务,引导学生在"研、学、做"的过程中理解"月球车"的制作原理,培养思考力与创造力;高学段围绕"我的月球家园"主题,在地月环境对比的基础上,创建"月球家园"的基础设施,完成月球家园的整体建设。

"科学玩+"课程彰显了观照儿童天性的整体建构,已经成为学校践行学科育人理念的"指南针"和"示意图"。

二、学玩相长:创建适性生长育人路径

在课程实施中,我们进一步深化"学玩相长"理念,重构"双减"背景下科学课程的学习观、时空观和资源观,探索适性生长的科学育人路径。

一是学玩相融,构建科学玩创课堂。教学中,注重真实情境和

趣味实验游戏活动的设计与贯穿,构建了"情境激趣—探究生趣—实用增趣—迁移延趣"的教学流程,形成了趣玩教学样态,使得科学课程变得有意思且有意义。

二是多向联通,创建科学主题场景。学校集合校园微场域、学科功能馆、社会实践场、智慧学习网等,构建了"观玩""探玩""创玩"三大主题场景,为学生的科学学习提供了重要场域。

三是观照内需,玩转科创定制课程。学校基于调研数据,立体利用课后延时,以项目化、协同化、定制化的方式实施三大类20余门科创课程,最大限度地满足学生群体及个体的学习需求。

如中学段"在月球上升起五星红旗"的学习,学生在天文观测站、校园图书馆这些观玩空间,观察月相变化,搜集月球知识,了解人类探月历史和中国嫦娥工程的发展历程,回到课堂上,再以与"专家"面对面的形式表达出来,在互动交流中,探月已深入人心;课后延时服务时间,孩子们则应学习之需,穿梭于探究室、拆装室、梦想站等探玩、创玩空间,了解月球车的工作原理,关联动力、电路等原理,综合运用语文、数学、艺术等学科知识设计月球车,绘制设计图,利用不同的材料制作月球车,将创意变为现实。

课内课外、线上线下的时空联动,形成了"玩+课堂""玩+场景""玩+定制"的科学育人路径,推动了科学学习方式的变革,实现了科学教育的提质增效。

三、"评""玩"共进:构建素养导向的评价机制

在"科学玩+"课程实施中,我们积极发掘评价育人功能,创新设计素养导向的评价机制,探索评玩共进的评价方式。

一是评价目标可视化。依托SOLO分类评价理论,聚焦科学思维的培养,设计评价细目,评估学生思维水平。探月课程就是遵循

逆向设计的原理，目标先行，让评价可视，让评价贯穿。

二是评价内容综合化。我们将日常表现、学科调研进行有机整合，通过"课堂观察＋实验测评＋纸笔测评"三结合的形式，进行终结性评价。学生在探月课程学习中的表现作为科学测评的一个重要组成部分，被量化到学业成绩之中。

三是评价标准层级化。我们对学生的思维表现分级赋分，以三级评价量表为载体，实现自评、互评、师评的一体化。在学校为孩子们设计的伙伴互评现场，孩子们精心布展、投入讲解，使出浑身解数，争取同年级小伙伴们的点赞。在评价导引的多元、开放的场域中，孩子们学有方向，学有动力。

"科学玩＋"课程，倡导学生玩中做、玩中学、玩中创，在"玩、学、创"中生发好奇心、想象力和探求欲，孕育创造潜能。

斯宾塞说，课程即跑道。我们更愿意把课程看作一方天地，一个世界，一个充满了无限可能的空间。课程的空间有多大，学生潜力伸展、智慧生长的空间就有多大。我们将不断努力为学生创设这样的空间，让他们在充满自由和生长的世界里，成为独一无二的"这一个"。

葳蕤自生光

江苏省徐州市铜山区铜山实验小学　杜庆峰

写下"葳蕤自生光"这个题目，有很多忐忑，唯恐引起误解。此处引用，纯粹指"花草繁多，光彩照人"之意。它既指任凭风吹浪打、我自岿然不动地对一个个鲜活生命的坚守，又寓意在这所学校里自由生长、蓬勃向上的生命。

作为校长，我常常思考：校园是什么？它应该是充满美好和诗意的地方，应该是能够给每一个生命带来滋养的地方。儿童是什么？儿童是太阳，自带光芒、温暖、能量、纯洁与美好，具有无限的可能。校园里，奔跑着一个个活泼泼的"小太阳"，照亮别人，温暖他人。我和我的老师们，每天都在和"小太阳"互相影响着、温暖着、成长着……这就是我理想中的校园。

周国平先生说过，教育的第一目标应该是健康善良的生命、活泼智慧的头脑、丰富高贵的灵魂。我们希望从这里走出的学生是"身心健康有理想、基础扎实有本领、兴趣浓厚有动力、视野宽广有担当"的意气风发、斗志昂扬的新一代阳光少年；以新教育的十大行动赋能师生成长，把提升教师精神生命、让教师成为素质教育的创造者作为学校开展新教育实验的逻辑起点；通过"溢书香""联手写""思课堂""听声音""美教室""竞口才""结同心""慧社区""多主题""富课程"等关键因素的突破，让素质教育落地生根；在向美、向善、向真的价值追求中，落实新教育理论，坚守美学精神，回归与变革相统一的实践哲学。

一、校园里应该闪耀着理性的光芒

理性，可以让生命更有魅力，更有深度和广度。校园里的一个个小太阳都有着无限的能量。如何让这一个个小太阳更有智慧地照亮别人、温暖他人？

我们认为，课堂是文化传承的核心地带，是课程实施的主要渠道，是学校机体的中枢神经，是师生成长的关键路径。理想的课堂是什么样的？我们理解，理想的课堂，一定是闪烁着思维的光芒、面向着未来、创造着成长的课堂，一定是关注到参与度、亲和度、自由度、整合度、练习度、延展度六个维度的课堂，一定是具有落实有效教学的框架、发掘知识这一伟大事物内在的魅力知识、社会生活与师生生命深刻共鸣的课堂。

我们以思维结构的智力理论为基础，着眼于课堂中学生的积极思维和核心素养的发展，强调教学要注重五个方面：知识和方法的深度理解与灵活应用，批判性思维与创造性思维的培养，合作能力与交流能力的培养，内在学习动机与自主学习能力的培养，创新能力的发展。知识是明线，思维是暗线，教师的任务就是把学科知识中的思维暗河凸显出来教给学生。

基于这一思考，我们开始搭建基于思维型教学五大基本原理"动机激发、认知冲突、自主建构、自我监控、应用迁移"的"551"（五有、五思、一核心）思维课堂教学模式，形成了围绕"思维品质"这一核心的教学设计的五大理念（有序、有趣、有效、有情、有用）和思维课堂的五大环节（创设情境、自探静思、合作辨思、训练反思、回归拓思）。

二、校园应该流动着诗意的美好

生命应该因诗而变得更加美好。

"我要站在花和月中寻找,寻找童年的眼睛。"李吉林老师诗一样的话语耳熟能详。

"用孩子的眼睛看",这是一种怎样的独特视角呢?校园就应该是孩子们的校园。为了唤醒教师,我们把诗一样的语言,挂在办公室和老师经常走过的地方。

多少回,我在花间徘徊,端详含苞的花蕾、翻飞的粉蝶;
多少回,我在月下漫步,仰望中天的明月、满天的繁星;
又有多少回,我登上小丘,伫立田坎,流连在小河畔,寻觅于草丛中……

用孩子的眼睛看,用孩子的心去感受,为一颗颗小太阳打开能量释放的通道。

于是,涌现出了我们的诗人校长——谷秀娟,涌现出了杨宇嘉、王思潼、陈玥彤等一大批孩子。

有了孩子的眼睛,校园的角角落落都变得富有生机与活力,都有了灵性。

那棵见证着学校发展历程的大杨树,在孩子们的眼里是这样的:

杨树一圈又一圈的年轮
是它自己韵在骨子里的诗……

那行法桐树,成了孩子们生发灵感和灵性的"诗歌长廊":

树总是朝着天空

伸出双手

我们的诗人校长谷秀娟常说，孩子就是我们最好的作品。是的，孩子就应该是我们最好的作品，我们要让这个作品，从内到外地迸发出温暖别人和改造世界的力量。

三、校园里应该充盈着心灵的温暖

教育无他，唯爱与榜样。这道理，我们都懂。但这爱的付出，却需要勇气、毅力与担当。爱的付出，也并不总是一帆风顺，特别是面对那些遥远的星星般的孩子。在这所校园里，就有这样的默默耕耘者，因为她，带动了一个团队，影响了一批孩子，挽救了数个家庭。江苏省红孩子社团的孩子们，在她的带动下，每个周末都会去社会福利院、敬老院等机构；每当传统节日来临，她都会邀请家长一起和孩子们开展活动；每周一次的"相约星期二"沙龙，吸引了众多老师、家长参与；她的"影子老师的素心斋"公众号，已有几百篇文章。这是一种坚守，一种对新教育的信仰。她就是陈影老师。为了一颗颗远在天边的星星，她甘愿做擦星星的人。

四、校园里应该蓬勃着生命的张力

爱是什么？是一点一滴的行动，是相互间无声的语言。

孩子心中有爱，脑中有智，情中有诗，生活应该是美好而灿烂的。但成长的道路，并不总是一路鲜花，风霜雨雪都是自然的历练。教育，不单纯是对孩子的呵护，更应是对生命的扶持。扶持好每一个生命、每一个心灵，不让一颗小太阳失去光泽，是我们的使命与担当。

教育，是在相互影响中发生的。

　　事实上，在这个校园里，每天都上演着类似的人与人之间的故事。有心的人，赋予它诗意，总结成文，累积为成长路上的奠基石。

　　多年来，我们学校先后获得全国青少年足球特色学校、全国象棋特色学校、江苏省全民阅读示范校、江苏省教育科研先进集体等荣誉。这就是我们的校园，一个充满健康、善良、智慧、活泼、丰富、高贵的生命的发光体。

孩子，让我们以诗的方式抵达

——我与儿童诗的故事

江苏省徐州市铜山区铜山实验小学 谷秀娟

列夫·托尔斯泰说：诗歌是一团火，在人的灵魂里燃烧。

在中国这片古老的土地上，诗歌是爱，是美，是力量，通向未来。"海上生明月，天涯共此时。"一句即可穿透岁月。在童年的世界，诗歌更是"思无邪"！在诗里，灯可把黑夜烫个洞！

作为教师，我们有责任、有义务将最美的事物带到学生的童年。感谢儿童诗，它让我们听到花开的声音，看到花开的过程。

一、热爱、吸纳——山光悦鸟性，诗书醉我心

信仰与热爱，是人生最重要的两样东西。你的人生会被你的热爱所塑造。

寻梦，撑一支长篙，往青草更青处漫溯。十多年了，我与儿童诗的缘分渐入佳境。儿童诗有天马行空的想象力，不做作伪装，不用华美词句迂回徘徊。

世间一切都是有生命的。他们有爱，有故事。慢吞吞的蜗牛有无数慢的理由：

不要再说我慢
这种话我已经听了一万遍
我最后再说一次
这是为了交通安全

  于是，我开始读儿童诗，读高洪波、金波、林良、罗大里、希尔弗斯坦、金子美铃等。尤其是林焕彰先生的诗歌，关注生活里弱小的生命，他甚至为影子写了百首诗歌。

  读儿童诗，参加儿童诗年会，近距离接触儿童诗人。诗人雪野研究儿童诗几十年，听他的课，总会被他思维的独创打动。我曾经为他写过一篇文章《春风拂过百花盛开》。

  儿童诗不只是让人开心一笑，也有对生活的深思。林焕彰先生写过这样一首："鸟儿飞走，天空还在。"八个字，却有无限的解读。短暂与永恒，人生的大道理。这就是诗歌，有无穷的想象空间，无穷的语言张力。

  于是，我开始写诗歌，我的微信圈唯诗歌独尊。

二、输出、共享——频入诗境里，每逐神思飞

  薪火须传承，美好要分享。我将热爱传递给孩子们。

  儿童诗指向联想与想象，指向创新精神和创造意识，因此指向无限可能。孩子是天生的诗人。我们在教室里读，在文学社里读；在诗歌里感受、思考、想象，爱上诗歌，爱上写作。从星星树诗社到鹤鸣诗社，走过的土地，遇见的孩子，有了诗歌的温度、诗歌的气质。

  同时，为寻求更多的志同道合者，我们开始走出校门去传播儿童诗。每一节儿童诗课，更像一次思维的自由旅行。去附近乡镇，

去兄弟学校，去安徽，去海南，去晓庄师范学院。

在一所乡村小学，从来没有接触过诗歌的孩子写出这样一首诗：

> 妈妈
> 就让我做一片叶子
> 长在你打工经过的路旁
> 白天送你出门
> 夜晚等你回家

诗歌可以创造奇迹。不会写字的张馨月爱上了诗歌，她用美好的比喻来写喜欢的老师。离开他们之后，有一次晚上，在小区里，还没看见她，她就冲出来抱着我大哭。

老实内向的张云超成了写作达人，发表、获奖。因为诗歌，他爱上了语文，眼里有了光芒。感动之余，我为他们写下了《我的四（5）班，期待你群星闪耀》。孩子们的写作潜力如洪水泄闸，一发不可收拾，许多稿件在我的朋友圈便被编辑约走。

三、探索、坚守——愿将千里行，寄与方寸足

写儿童诗要耐得住寂寞冷清。活动大多自己参加，征稿没人理睬。常规工作还忙不过来，写啥诗歌？这个时代还需要诗歌？面包比诗歌更香。"魔道"是我的别号！出门活动一个人，拍照必须求人。"千万里，我追寻着你。"热爱儿童诗的人，你在哪里？

慢慢地，校内外有了同行者。我们举办朗诵会、研讨课，采风创作、办报，创办了刊物《星星树》《鹤鸣》。我寄热爱于童诗，童诗赠我以荣光。2017年，我获得江苏省教学成果奖。2020年，我主

持研究的省课程基地通过评估。

童诗的一个题目就足以吊起阅读的胃口:"懒的辩护""田野的花裙子""夜拄着拐棍""野菜是春天的第一个孩子""爱管闲事的篱笆""向日葵不敢开花"等。儿童诗有巨大的张力。在人类的才能中,与神最接近的是想象力。儿童诗就有这样的魅力,有限的物象,无限的想象。

讲解《搬家》这首诗时,我出示题目然后发问,没有一个学生猜到结果。然后出示诗歌,孩子们都笑疯了。

搬　家
同桌的门牙掉了
我的门牙还在
我知道
我的门牙不想搬家

于是,学生开始自发模仿,开始创作。学校李校长的光头,便成了诗里的主角:

秋天到了
李校长的头发也怕冷
于是纷纷逃走

每天相约诗社,聊聊诗歌与生活。郁婉尧写出了《夜晚的天空是座城市》,以此纪念离去的外婆。

诗歌启迪思维。杨雨嘉,一个沉默寡言的孩子,因为诗歌迷恋上了写作,拥有了一双诗意的、敏锐的慧眼,短短一年创作近百篇,发表散文诗歌十多篇。每一篇短小精悍的文章中都有仿佛来自天外的灵光乍现。

四、构建、提升——十年栽一树，期待繁花盛

随着研究的深入，儿童诗研究遇到瓶颈，于是，有了省"十四五"规划课题"指向想象思维的儿童诗研究"，提炼儿童诗的核心价值。学校将儿童诗作为卓越课程打造。我们确立了研究理念：与书同行，用诗歌唤醒想象和自由。组织诗教团队，构建诗歌活动课程、创作课程，由欣赏到仿写再到创作，探索实施路径和策略，争取将课程教出趣味，形成文化品牌。

在儿童诗的路上，我遇见许多生命中的贵人，有领导、诗人、专家、孩子们，他们都是我生命中的星辰，陪着我一路走来，为我照亮前程，让我们的回忆丰盈而美好。

校园采风让我们了解校园里的每一棵树、每一朵花，以及飞过的每一只鸟，以诗歌定格经历。回到家里，学会用诗歌表达爱意。创作本、朋友圈、学校报纸、杂志，是诗的舞台。孩子们乐此不疲，上课不喊苦，下课不想走。童诗之树生根壮大。很快，"城市湖山"采风又将启程。

如庖丁解牛，一旦感觉到美，做任何事便游刃有余。专注之下，苦累的工作也可炼出美。

种下诗，平凡的事物会生长出爱与幻想。

童年是首诗，生活是首诗，爱也是首诗。

行动就有收获，坚持才有奇迹。2023 年 3 月 22 日，《中国教育报》用整版讲解儿童诗。用诗歌擦亮母语，童诗教学开始走向春天。未来的日子，愿更多人一起在孩子的心里种下诗歌的种子，以爱的春风春雨，让它繁花渐盛！

新教育,演绎"致善"之美

江苏省徐州市大学路实验学校　田玉龙

2017年,我们遇见致善,遇见新教育。新教育的理念与行动犹如一束光,照亮了致善教育前行的道路。我们从深层的文化根源和精神层面,营造生命舒展的空间,搭建教师发展的平台,构筑学生理想的课堂,研发丰富孩子童年的课程,打造协同发展共同体,引领师生过一种幸福完整的教育生活。

一、致善文化:引领学校发展的灵魂

文化是学校之魂。学校坚守"明理致善"的校训和初心,以"致善教育"为核心,秉承"亲大学之道,铺成长之路"的办学理念,遵循"享受学习、精彩人生"的办学宗旨,孕育了"惟真、惟善、惟美"的校风,形成了"善教、爱教、乐教"的教风和"善学、真学、深学"的学风,弘扬"团结、务实、创新、高效"的学校精神,为实现"全市一流、全省知名、与国际接轨"的办学目标而努力。

学校文化出自师生并服务于师生,它以一种独特的方式将所含的精神内容转化成思想和行为,形成价值观、道德观、处世态度和行为方式,成为师生的行动指南与终极愿景,汇聚成学校发展的不竭动力。学校先后荣获国家、省级荣誉20余项。

二、致善环境：营造生命舒展的空间

学校以"致善教育"为主题，精心设计了"一景""六园""十二善"的物型文化景观。"一景"即校训文化景点。"六园"指桃李园、大学园、励志园、孔子园、雷锋园、法治园，园内名言荟萃，诗词经典、典籍故事在花木映衬中熠熠生辉。"十二善"从待人、求知和修身三方面，引领师生向善向美、修身养德。

学校不断完善场馆建设，建有大学剧场、致善书院、校史馆、党建文化厅等，把学校文化元素融入其中，创建可供师生阅读、交流、实践、互动的人文空间。一班一名，彰显班级特色；一墙一面，展示班级文化；一角一落，充满温馨气息；缔造完美教室，演绎生命传奇。

三、致善团队：唤醒教师成长的自觉

学校把促进教师的成长作为逻辑起点，遵循"专业阅读＋专业写作＋专业发展共同体"的教师专业发展路径，以"致善"四有好教师团队为主体，充分调动高校专家、教研员、一线中小学名师、名校长等教学骨干力量，将"供给链""管理链""专业链""任务链"四个链条式结构有机整合，形成"开放、协同、联动"的教师专业发展新样态。

学校积极推进"阅读立美"工程，成立明德书社、卷香书社，定期举办读书交流、同书共读活动。学校精心设计靶向型教师培训方案，培训课程兼顾集体必修、自主选学和精准帮扶的形式，培训的内容与方式不断改进、迭代和优化。学校成立名师工作室，组建名师讲师团，实施领雁工程、青蓝工程，评选"最美读书教师、新秀教师、引路教师"等新教育榜样教师，激发教师发展动力。

6年来，在省基本功、优质课竞赛中，13位教师荣获一、二等奖，11位教师荣获市"三优"教师称号，50余位教师荣获省、市级荣誉称号，150余位教师荣获市、区级基本功大赛以及优质课大赛一、二等奖。教科研成果丰硕，省"十三五"规划课题2项结题，获得省"十四五"规划课题6项、省课程基地建设项目1个。

四、致善课堂：拥有一生有用的东西

学校围绕新教育理想课堂建设构想，加大理想课堂的研究力度，致力于打造致善课堂。致善课堂不仅强调教师的友善、和善，强调创设一种平等、民主、和谐、愉悦的课堂氛围，更强调课堂教学的变革。教师少讲精讲，落实分层教学，做学习的指导者；以学生为中心，让"会学"代替"学会"，用创造代替平庸，用智慧的学生代替聪明的考生，引导学生做知识的建构者。

在致善课堂实施中，我们坚持"一个中心"，即"学为中心"；遵循"三个原则"，即"学为主体，师为主导，问为主线"；开展"四环教学"，即"自主先学—精讲导学—合作研学—展示评学"；实现"两个转变"，即"教堂变学堂，教学变导学"。我们努力引导学生在课堂中"学进去，做出来""主动学，兴奋学""结构学，变式做"，落实有效教学框架，发掘知识内在魅力，实现知识、社会生活与师生生命的深刻共鸣。

五、致善课程：丰富孩子童年的生活

在新教育卓越课程理念的引领下，学校以课程建设为依托，以德智体美劳全面发展为准则，从品德与社会素养、人文与语言素养、体育与健康素养、艺术与审美素养、科学与实践素养五大领域出发，建构"乐学致善"课程体系,让学生经历生活,体验实践,合作探究,丰富成长历程。

"阅读立美的实践探索"课程、语文"读中学"课程,促进了书香校园建设。非遗徐州琴书特色课程,传播民族艺术,琴书节目《二小,我们想你了》《小萝卜头,请你来家乡走一走》等荣获省艺术教育成果二等奖。2018年,学校成立全国首支中学生美式橄榄球队,坚持"提高+普及"的特色发展路径,组建校级橄榄球队,普及腰旗橄榄球活动。同时,开设50多个社团,深受学生的喜爱。

六、致善治理:打造协同发展共同体

学校坚持"正向教育"理念,实施"正向激励"措施,激发和释放每一个人的善意和潜能,推动师生"正向发展"。坚持"绝不放弃每一个孩子"的教育理念,不放弃对每一个孩子的培养,不放弃对每一个孩子的信任,不放弃对每一个孩子的关爱。学校充分尊重每一位教师,营造团结务实、创新高效的工作氛围,打造风清气正、积极向上的人文氛围,创造互敬互爱、幸福安全的环境氛围,建设居安思危、追求卓越的发展氛围,让师生获得安全感、幸福感、成就感!

致善讲堂制定家庭教育指导手册,家长护学、陪餐、督学,全面参与学校管理。学校周边的公园、艺体中心、图书馆、科技馆、博物馆等成为学生的校外实践基地,我们引领孩子聆听窗外的声音,构筑天时、地利、人和的发展优势。

相信种子,相信岁月,我们相信生命一定会朝向阳光,相信时光不会辜负努力。我们在新教育的推进中,在致善教育的践行中,用行动诠释梦想,用行动奔赴未来,向着明亮那方,收获教育的灿烂与辉煌!

"读中学"课程：构建具身经验的文化场域

江苏省徐州市大学路实验学校 刘蓓

苏霍姆林斯基说："一个学校可以什么都没有，只要有了为教师和学生精神成长而提供的图书，那就是学校了。"新教育实验一直将"营造书香校园"作为各大行动之首。我校以"江苏省'读中学'初中语文课程基地建设"为抓手，以江苏省"十四五"规划重点课题"基于经验生长的初中语文'读中学'的实践研究"为保障，全方位深化书香校园建设。

一、大场域阅读文化的构建

为了给学生营造"爱读书、读好书、善读书"的文化氛围，我们建设了"一场一廊一书院"的阅读基地。

一场：960平方米的"大学"剧场。在这里，我们"开大家讲堂""展阅读风采"。

一廊：开放式廊道阅读空间，让图书随处可取，让阅读随时发生。

一书院：集学习、阅读、交流、实践、互动等功能为一体的1300平方米的致善书院。它分为4个区间：书在·空间、数联·空间、静学·空间、致用·空间。

二、学理式阅读课程的探究

新教育强调,核心课程既不应以学科为中心,也不应以儿童为中心,而应围绕人类社会的基本生活需要和领域来确定融合课程。基于此,我们提出了基于经验生长的"读中学"课程理念。

"读中学"课程设计体现了具身化。每个阅读课程图谱都包含学生自主阅读板块、师生互动阅读板块,以及教师支持阅读研修板块。

"读中学"的文本设计体现了经验性。"读中学"阅读内容的确定和阅读形式的选择,是基于学生的已有经验,产生连续性的大量作品,从而发展其爱阅读的"兴趣经验"、会阅读的"方法经验"、常阅读的"习惯经验",最终实现"阅读"即"经验"、"经验"即"成长"的目的。

三、"四全型"阅读模式的推进

"读中学"构建了融通阅读与实践的"四全"阅读,即全员读、全面读、全程读、全形读,让学生在真实的生活情境下开展任务型、研究型、项目化、合作式学习。学生从过去只在课堂中、知识中、做题中成长变为在阅读中、活动中、探究中、交往中成长。除此,"读中学"还引导学生到生活中读"人",到实践中读"社会"。

征程万里风正劲。我们坚信,书香校园建设一定能够更好地优化我校的资源配置,促进学生生命的整体成长,引发教师的阅读思考,从而助力核心素养培育,实现育人方式转型,成为我校跨越式发展的新契机。

我和我的"不一班"

江苏省徐州市新教育学校　王娜

我们的故事要从2021年的那个秋天说起。9月，天气渐凉，我蹲在地上用美工刀一点点划着勾勒好的轮船，当我准备粘贴上板的时候，忽然发现站不起来了……那天是真的很累，但是想到孩子们看到这样的教室可能表现出的那种兴奋、激动后，忽然又充满了活力。

果不其然，孩子们对这间教室特别喜欢。这就是我的班级——"不一班"。没有一艘船，能像一本书，把人带往远方。这艘开往远方的大船，就成为我们班的文化意象。我希望在这间教室里，看到不一般的孩子，创造不一般的故事。

我们的班徽上，蓝色代表着天空和海洋，象征着永恒与希望。新教育倡导和孩子共读、共写、共同生活。因此，班徽上那本翻不完的书，将是我们共同的追求。班徽的星月图案说起来也是一段令我难忘的回忆，原本在设计班徽时并没有后面的月亮，孩子们看到后说："老师，我们是小星星，你呢？你在哪？能不能加上你这轮独一无二的月亮？"当时我真的很感动，忍住泪水在心中默想："星月不分离，希望我可以永远成为照亮他们的光。"

一年级入学伊始，我们就开始了每日60分钟的家校共读。从亲子共读，到听老师读，逐渐过渡到自主阅读。不知不觉中，我们共读了572天。在这个过程中，我们开始了每周一次的听读绘说。透过孩子们笔下的一幅幅作品，我看到他们小小的身体里蕴藏着巨大的能量。刚刚进入二年级，孩子们已经可以用四宫格、八宫格、十宫格的方式完整地呈现故事的结构。

阅读总能给人带来意料之外的惊喜。

有一天，我在办公室备课，忽然一个声音闯了进来，还没等我回话，他就在旁边兴高采烈地讲了起来。

由于先天发育迟缓，他是一个很特别的存在。我仔细听完他的故事，连连称赞，可他忽然脸一沉，深深地叹了口气："可惜我不会写字。"看到他的样子，我真的好心疼。我蹲下来，握着他的小手说："现在，就让老师成为你的右手，我们一起来完成这个故事。"就这样，他说一句，我写一句，他再说一句，我再写一句，最终我和他共同完成了这个长达17页的作品。

故事中，773的爸爸把他送到学校并送给他一个特别的礼物。他特别喜欢这个地方，从此他走进了书的海洋，把校园装扮得特别漂亮。

这看似简单的作品，实则满是孩子的想象与创造，还有他对读书的渴望。

没想到短短一年的时间，这个特别的孩子也开出了属于自己的那朵花。这不禁让我想起我们的班级精神：只要我想，一切皆有可能。原来，这早已不是简单的一句话，它已经在孩子们身上活了出来。

我在想，说不定有一天，他会成为那位最特别的作家。就像《特别的女生萨哈拉》中那个特别喜欢写作的萨哈拉，如果可以，我想成为他的波迪老师。

我是"不一班"的班主任，这就是我们"不一班"的孩子，我希望能用自己微薄的力量，让花成花，让树成树，让每个生命都能散发出自己那不一般的光。

奔走在自己的热爱里

江苏省徐州市云龙区和平教育实验幼儿园　刘宁　李莹　等

园长刘宁：我叫刘宁，从事幼教工作已经 32 年。我出生在教育世家，祖孙三代都是老师，外公是徐州师大成教院院长，妈妈是小学老师，爸爸是小学校长，姨舅是中学老师，嫂子是幼儿园老师，唯一没当老师的哥哥在新华书店工作。在这样的家庭里生活，从小耳濡目染，长大当一名老师的理想可谓"根深情重"。不管前一天工作有多累，或思考什么兴奋到彻夜未眠，只要一走进幼儿园，我便像打了鸡血一样充满活力。

2013 年，我竞聘到翠屏教育幼儿园担任园长。这是一所农村幼儿园，一墙之隔是一所小学，当时没有和平一号小区，没有万达广场，甚至没有一条通往幼儿园的水泥路，连买午饭的地方都找不到。我和我的两位同事在小学四处漏风、快要坍塌的车棚里轮流做午饭。有一次，我的胳膊、腿上被蚊子咬了近 30 个大包，奇痒难忍，现在想想应该拍照留个纪念。就在这样艰苦的条件下，我们完成了幼儿园的基础建设。因为资金匮乏，我们自己设计、粉刷，从山上挖来了石榴树、太阳花种在校园里，又从建筑工地捡来别人丢弃的大石头，一点点装扮着幼儿园。幼儿园用水是村里早晚定时供给的。基于孩子们在园生活的需要，我们打了井，安装了水泵、储水罐。由于村里经常停电，一停电，水泵就无法使用。记得有一次突然停电了，储水罐里的水不多了，我便带领老师到村民家借水。由于村子的土路雨后泥泞不堪，我和老师们深一脚浅一脚、一步一滑、一趟一趟地拉水，一直干到深夜。幼儿园的大型攀爬架，也是我和老师们一起刷油漆并和保安师傅安装的。我们又从木材厂捡来下脚料，从路边捡来石头和树枝，变废为宝。然而，更难的是改变人的思想。由于翠屏地处农村，开园初期，家长的认知极大地限制了我们课程的游戏化实施。我们通过家长会、半日开放活动、家长助教、家访等形式，一点一点转变家长的教育理念。此间，我们所经历的这些困难，估计是许多城市幼儿园的老师一辈子都难以体会的。

在我和老师们的共同努力下，这样一所农村幼儿园，在开园的当年顺利完成市优创建、省优创建，成功申报江苏省课程游戏化第一批项目建设园，第二年，被徐州幼儿师范高等专科学校授予"国培计划——幼儿园教师培训项目实践基地"和"就业实习基地"，以及"男幼儿教师发展中心联盟幼儿园"。同时，与政府、高校成功签署三位一体协同培养学前教育专业人才合作协议。开园5年来，我们先后接待了国家、省、市、区级领导和专家的观摩指导近100次，5000余人。

2019年底，因为翠屏山项目改造，幼儿园需要搬迁到和平园。搬家的那一天，天上飘着雪花，我和老师们一起将大件物品搬上卡车，老师们开着私家车，家长们开着电动三轮车，甚至有的家长将小件物品徒步搬到和平园。从早到晚，我们用了整整两天完成搬迁。

后来，我偷偷一个人跑回翠屏的废墟上，拍下最后的照片。这里的一草一木，我都能说出它的故事，它们凝聚着我的心血。

和平教育实验幼儿园的前身是开发商的售楼处,这里便是我们的新园址。当时开发商还没有正式移交,我便带着同事,多次爬过大铁门进入幼儿园,熟悉园舍环境、房屋结构,提早进行规划设计。记得有一次爬门的时候,不小心裤子还被撕裂了一条口子。当时的这个位置就是建筑垃圾场,杂草丛生,污物遍地,看似结构一样的12间教室,其实有4种不同的结构,所以室内设计大费周章。最让我们头疼的是室外环境,除了杂草污物,窨井遍布,没有管道图,所有的基础建设都在摸索中进行,有时一度停工等待。施工从夏天一直延续到来年立春,我始终坚守在工地,穿梭在幼儿园的各个角落,筹划着、指挥着、调度着、协调着,第一时间现场解决各种疑难杂症。所有的困难和劳累都没有让我退缩,因为我只想和我的伙伴在这里创造一个属于孩子们的理想国。

我阅读过这样一本书,书名叫《与孩子共享自然》。其中"写在书前"中有这样一句话:"让孩子们,特别是城里的孩子们回到自然中去,重新亲近大地,带领他们在自然中做游戏。"这句话令我印象尤其深刻。在我对孩子们进行的主题为"你喜欢的幼儿园是什么样子"的访谈中,我了解到可以自由奔跑、尽情玩耍的自然环境,最能满足他们渴望自然、贴近大自然的需求。访谈的结果使我更坚定了努力的方向。于是,我利用得天独厚的户外活动场地,为孩子们打造了山坡、隧洞、沙水池等多样的活动场所,让孩子们在大自然中释放天性,尽情享受玩耍的乐趣。根据徐州四季分明、冬夏长、春秋短促的季节特点,我亲自挑选了球根植物、多年生灌木、水生植物,以及爬藤类植物120余种,努力为孩子们打造春有花、夏有荫、秋有果、冬有绿的生态环境。即便在室内走廊里，细心的来宾也可以发现我们通过仿真植物体现自然界四季的变化。幼儿园还有一些我刻意摆放的枯萎的树木和花草，也是为了让孩子们了解自然界如同人类一样，有盛放，有枯萎，也有死亡。

为了给孩子们打造一所会呼吸的绿色生态园，在资金有限的情况下，我带领领导班子从翠屏园拆迁的废墟中拉来银杏树，和农民商量，请他们把一些果树捐给幼儿园。园里的每一粒花种、每一棵树苗都是我实地挑选过的，并且亲自选择栽种位置。

为了给孩子们提供更广阔的户外活动场地，我带领老师们把土坡向南平移了近20米。当时老师们面露难色，我说：愚公一个人都可以移山，更何况我们是一群人。为了打造孩子们的理想国，我经常和伙伴们讨论到深夜。哪怕只有5分钟的午饭时间，我们也常常是边讨论、边布置、边吃饭。幼儿园每一件不起眼的材料、物品，从颜色、形状、材质、气味、摆放位置及摆放角度，我都亲自参与。

李莹老师：记得前年深秋，我和您约好去市场买装饰材料，谁知早晨突降大暴雨，雨大得像从天上泼下来一样，马路上只有您一个人站在市场道路中间。瘦小的您卷着裤脚，抱着被风吹卷了的伞，似乎下一秒也会被风卷走。我又惊又怕，您说怕我找不到您，故意站在显眼的地方。回到园里，当我去您办公室汇报工作的时候，您冻得脸色发白，嘴唇发紫，一边烤着裤子，一边拧黑色高领毛衣上的水。当时我的眼睛湿润了，您这样的园长让我们又敬又爱，不管干什么，您总是和我们在一起。

2021年5月25日，和平教育实验幼儿园正式开园了。仅半年多的时间，您凭借着人格魅力和超凡的能力，带领老师们走向2021

年的花样年华。

1月，我园被授予"第二批市级教师发展示范基地校"。这是荣誉。

2月，您邀请我们一起看花灯、吃汤圆，欢度元宵佳节，这是团圆。

3月，您组织教师基本功大赛，促进老师们专业水平的提高，老师们用歌喉和舞姿带来了视觉盛宴。这是能力。

4月的师德师风演讲，您用动人的语言描述着自己在平凡岗位上不平凡的故事。这是师表。

5月，您组织春季研学活动，让孩子们体验别样的美和快乐。这是成长。

6月的"勇敢者之夜"，这对从来没有离开过爸爸妈妈的孩子们来说是一件很新鲜的事情，可对您来说是一个不眠之夜。这是责任。

勇敢过后，意味着离别。在这一年的毕业季，您为大班幼儿举办了毕业典礼，给孩子们留下难忘的回忆和深厚的情谊。在对未来美好的期许下，您流下了不舍的泪水。这是祝福。

9月开学季，正值中秋佳节，您组织了游园会活动，为孩子们的自主活动打下了坚实的基础。这是自由。

生在红旗下，长在春风里，一生所幸，乃生在华夏。10月的迎国庆活动表达了您和孩子对祖国的热爱和祝福。这是爱国。

年尾，疫情把我们打得措手不及。您为缓解家长和孩子们的恐慌情绪，开展了空中乐园活动。在不能见面的日子里，您说："有我们在。"这是陪伴。

特殊时期，您带头和领导班子24小时值班守夜。这是担当。

这一年，花样的活动，源于您聪慧的头脑和永不疲倦的工作热情。勇者无畏，而您就是勇者。

教学楼里灯火通明，老师们各自忙碌，分工明确。您奔波在每个教室，大方面统筹规划，小细节精雕细琢，一丝不苟。白加黑、5+2是您的工作常态。有了这一点，就不难理解，为什么您的团队能屡创佳绩。三位专家在评价刘园长的时候落泪了。我园在这一次评优活动中的完美表现是因为云龙区各级领导的大力支持，是因为您一丝不苟的工作态度，而您总说是团队齐心协力、共同拼搏的结果。

开园三年来，我们先后被评为"徐州市幼儿足球后备人才培养基地""全国生态文明教育特色学校""徐州市园林式单位""徐州市先进集体""徐州市课程游戏化项目园"。

这些年，您带领我们迎接大大小小无数次观摩交流，每一次都精心进行布置和策划，不放过任何一个小细节。

这些年，您为了助推老师们的专业成长，聘请了资深园长和专家定期进行培训，使老师们的教研活动如火如荼地开展，斩获各类奖项。

这些年，您为了开阔老师们的眼界，多次安排老师们奔赴南京、杭州、丹阳、苏州、无锡等地学习经验。

这些年，您带我们见识大世面，迎接江苏省副省长等各级领导，近距离地和领导交流，感受到了领导们的平易近人。

这样的成绩，这样的工作速度，堪称"云龙速度"。这样的翠屏幼教集团，我们为之礼赞！

我们可以骄傲地回答：有您在，我们是最棒的！

园长刘宁：作为一名老党员，我以身作则，率先垂范，吃苦耐劳，任劳任怨。幼儿园夏季发生水灾时，我和全体教职工一起搬沙袋。2022年夏天，我的腿碰伤了，正遇龙卷风下暴雨，我依然一瘸一拐地战斗在幼儿园。领导班子不是单身女孩就是年轻妈妈，我一个人住在幼儿园半个月，随时关注险情的变化。冬天暴雪时，我早早来到幼儿园扫雪。提倡俭以养德，午餐吃多少打多少，实施光盘行动，幼儿园从上到下绝不浪费粮食。身正为范，幼儿园的资源库里，我不时地投放家里积攒的卫生纸卷和瓶盖。在我的带动下，老师们也不时地把材料投放到资源库，为孩子们提供游戏材料。在我的带动下，幼儿园有困难和危险的时候，一些老师总是第一时间赶到幼儿园。他们为幼儿园努力的样子真美！看到他们为幼儿园无私奉献，我很感动。

刘文老师：您说，我们把小厨房做成蛋糕流淌的样子，孩子们一定喜欢；您说，我们在花坛里种棒棒糖吧，孩子们一定喜欢；您说，我们在菜园里种向日葵吧，孩子们没有见过，一定喜欢；您说，我们把黄沙换成海沙吧，孩子们一定喜欢，因为白天不能运沙，您一直在现场盯到半夜……春天，您买来小鸭、小鱼放养到池塘里；夏天，您为孩子们举办了"泡沫之夏"；秋天，您为孩子们种下的柿子树、山楂树丰收了；冬天，您和孩子们一起打雪仗。为了给孩子们打造大花园，您只要发现好看的花草，便想方设法打听到名字。您还自学了庭院设计，幼儿园的100多种花草，您几乎都知道它们的习性。2023年，我们还举办了第一届绣球节。

正因为您的眼中处处都是孩子，才有了今天这样一所孩子们喜欢的幼儿园。每天放学，孩子们都依依不舍。孩子们亲切地叫您园长妈妈，就连小鸡小鸭对您也是形影不离。有人说爱小动物的人，内心一定是柔软的。您善解人意，无微不至地关心着每一个老师甚至家庭，关注着老师的专业成长；知人善用，善于发现老师们的闪光点，我们时时处处备受鼓舞。

您不仅爱孩子，爱老师，还爱美，懂生活，心灵手巧，充满智慧的脑袋里总是有各种奇思妙想。即便是加班，您也会忙中抽闲，调剂老师的情绪。所以，在每次创建迎检中，我们都累并快乐着。

每学期初的全体教职工大会，没有枯燥乏味的学期工作布置，您希望我们"遇见光、奔向光、成为光"，哪怕成为黑夜中的小小萤火虫。您说，"心中若能容丘壑，下笔方能绘山河"；您告诉我们要胸襟宽广，心中有大爱。"俭以养德"，您给我们讲了大西北贫困儿童的故事，率先光盘。"境由心生"，您告诉我们心存美好才能看到美好，心存善良才能看到善良。"2022，一起向未来"，您告诉我们未来可期，奋勇拼搏。学期末，除了表彰会，您还以家人的名义举办了新年联谊会。您常说我们是一个家庭，大家要像兄弟姊妹一样团结协作，包容互助。

如今，和平园已不知不觉创办三个年头，如果用几个字形容您，那就是：小身板，大能量。老师们亲切地送您绰号"小宇宙"。您说"生命不止，奉献不止"。您已50多岁，却丝毫不显岁月的沧桑。相由心生，也许正是因为您的善良正直，因为您终日被孩子们包围，童心未泯，万物皆甜。

园长刘宁：2021年9月，紫荆实验幼儿园如期开园了。与和平园一样，前期的装饰装修，同样遇到了很多困难。在户外施工的时候，挖出了煤气管道，我们连夜手绘草图，修改了设计方案。同样，幼儿园里的每一处植被都是我亲自挑选的，因为大家对安置小区固有的偏见，开园时只有4名幼儿，但现在已有近400名幼儿，这是全体老师共同努力的结果。紫荆开园近2年，迎接了徐州市姊妹园和拉萨、广西、青海等地幼儿园近500人观摩。区委书记在今年六一慰问时说，看了紫荆实验幼儿园，颠覆了他对幼儿园的想象。

没有人能随随便便成功，光环背后都有鲜为人知的心酸和难以言说的艰难与委屈。那些经历过的艰难困苦，都是人生的宝贵财富。有人说，最幸福的人就是她所从事的工作恰好是她热爱的，我想说：我就是那个最幸福的人！我会一直奔走在自己的热爱里。

文明其精神，野蛮其体魄

江苏省徐州市云龙区明正幼儿园　邢传峰

一、巧用自然资源，开辟育人环境

我园本着"明德、明理、明智"的园训，从孩子的需求与兴趣出发，以"让每个孩子寻找自己的生命支点"为办园理念，致力于让每个幼儿在这里"过一种幸福完整的教育生活"。

我园南邻肖庄河，旁边树木种类繁多，自然资源丰富，但由于平时无人管理，成为附近居民存放垃圾之地。著名教育家陈鹤琴先生说："大自然大社会皆是活教材。"探索是幼儿的天性。建园伊始，我便每天对着这片林子沉思，思考怎样把荒废的小树林打造成孩子们游戏的乐园，脑海中无数次畅想着孩子们在小树林里探索、发现、游戏的场景。经过深思熟虑后，我问老师们："你们喜欢这片小树林吗？"老师们所有的回答都是基于儿童的立场，更加坚定了我开发小树林的信心。说干就干，我们马上行动。

于是，每天午休时间、下班后、周末……小树林里都能够看到老师们忙碌的身影。有的化身绿化修剪工，有的化身清洁工，有的化身安全检查员，小树林里面每天都有一道亮丽的风景线……很多老师跟我开玩笑说，今后招聘老师先问问会不会干农活。其实，这何尝不是一种累并快乐的体现呢！大家之所以能够拧成一股绳，任劳任怨，是因为我们有共同的方向：给孩子们打造一个亲近自然、探秘自然的游戏乐园,去聆听窗外的声音,探究自然的奥秘。老师们运用智慧和劳动对场地进行了彻底的清理改造,小树林一期工程顺利完工。

基于儿童立场,我们积极发动孩子们给小树林起名字。有的孩子将小树林取名为"秘密基地",有的取名为"探险乐园",有的取名为"森林公园"……小树林里可以进行哪些游戏?孩子们开始了畅想,开展了激烈的讨论,经过一个学期的探究实践,逐渐形成了丛林飞侠区、户外探险区、体能锻炼区、种植区、饲养区等。小树林成为孩子们探索、探险的乐园。

后期,根据孩子们的意愿,我们又扩建了小树林二期、三期工程。同时,随着季节和时间的变化,我们根据孩子们的游戏需求不断更新和调整,更好地满足了幼儿的多元化发展。

小树林里面,每天都发出阵阵欢声笑语,惊奇声、惊叹声此起彼伏,伴随着鸡鸭鹅的合奏,演绎出一首大自然的交响乐。这更加坚定了我"儿童为本、释放天性"的课程理念,进一步践行"凡是孩子能做的,让他自己做",相信孩子会给我们一个奇迹。

鉴于家长平时工作忙,很少有机会陪孩子做亲子活动,每周六上午,我园的小树林对家长和小朋友们开放。值班老师和家长、小朋友们一起在小树林里游戏、护理动植物,培养孩子们热爱自然的意识,锻炼孩子的劳动能力,增进亲子之间的关系,更促进了家园共育。

二、厚植爱国情怀,锻造强健体魄

我骄傲,我自豪,我是中国娃。

我园坚持"为党育人、为国育才"的教育理念,针对儿童身心特点,寓教于乐,把丰富多彩的"红色教育"主题活动与幼儿的生活、游戏、创作融合在一起，激发幼儿的爱国情怀，教育幼儿要学会感恩，珍惜革命先烈为我们创造的美好生活。

自建园以来，我们便树立了"文明其精神，野蛮其体魄"的运动理念，注重幼儿体能发展，科学促进体质提升。通过各种运动，幼儿不仅能强身健体，更能形成思维与感官的协调，获得神经系统的发展。当下，儿童的心理问题低龄化，容易脆弱，导致自杀现象频发。为此，我园特别注重幼儿身心健康发展，致力于培养幼儿健康的体魄、坚强的意志品质，树立乐观向上的人生态度，多措并举，让幼儿在游戏中充分找到自己的价值和自信。

孩子们在各项体育运动中都能完成高标准动作，一个个英姿飒爽，展示自信、勇敢、执着的精神面貌，得到家长和社会上的一致好评。目前，我园形成了自发自主、自然而然、以大带小、以强带弱的园本运动特色。

路虽远，行则将至；事虽难，做则必成。我将带领明正幼儿园继续坚持德智体美劳全面发展的教育方针，紧紧跟随新教育十大行动，让孩子们在成长关键期感受家国情怀，培养爱运动、喜探究的习惯，在自信、自强中快乐成长，"过一种幸福完整的教育生活"。

时光不语,静待花开

江苏省徐州市云龙区明正幼儿园　黄幸

今天是 2023 年 7 月 8 日,今年也是我幼教生涯的第十个年头。人的一生要经历许多第一次,如第一次走路,第一次说话等。来到明正幼儿园,我迎来了我的三个第一次:第一次接触残疾的孩子,第一次接触发育迟缓的孩子,第一次接触孤独症的孩子。以下便是我和他们的故事。

一、初识瓜子,坦然接受

瓜子是一位双下肢残疾的孩子。在瓜子来园的前期,瓜子的妈妈经常带他来幼儿园适应环境。每每这个时候,我心里都会默默地想:这个孩子可千万别来我的班。谁知,孩子最终确定在我的班级。最后,在领导、家人和同事的帮助下,我克服了重重心理障碍,由开始的迷茫、不知所措到欣然接受。

当我忐忑不安地在班级群里介绍瓜子的时候,家长们都特别热情并且表示欢迎和接纳,这给了我很大的鼓励。自此,我每天接送瓜子,帮助他上下轮椅、盥洗、如厕、坐小椅子、就餐、户外活动。平时,幼儿园领导和我也会以各种形式进行不定期的家访和慰问,去了解瓜子和共同生活人近期的身体、生活、学习情况,及时给予关怀,以及力所能及的帮助。在日常教育教学活动中,我也会针对瓜子制订专门的教学计划。在游戏活动中,我会根据瓜子的身体状况,制订适宜的方案并选择丰富多样的玩具,便于瓜子自主选择,促进瓜子的自主性发展。同时,引导班级其他幼儿帮助、关爱瓜子,为瓜子建立良好的同伴关系。

二、启发运动治疗契机

皞皞6岁了,3岁时被诊断为自闭症。刚来这个班时,他带给我很多困扰:情绪不稳,爱发脾气;智力、语言发育不完善,甚至还有一些"自残"倾向;有时候会突发怪异行为,如习惯性地脱了裤子满教室跑等。

了解到皞皞的情况,我购买了相关书籍,查阅了一些资料,无意中看到一篇关于"影子老师"的文章,也认真学习。经多方联系,我与皞皞的特教老师制定了一系列干预措施,包括观察、引导、环境创设,提升皞皞在班上的存在感,引导班上的孩子接纳和帮助皞皞。渐渐地,皞皞的语言有了起色,能够运用更多的词汇,与同伴交往的行为也多了起来,一改以往的简单粗暴。这是一个良好的开端,是一个欣喜的开始。虽然成长的进程是缓慢的,但我不再束手无策。

于融合教育而言,我能做的就是尝试去了解更多行为规律及诱因,用更多的爱和包容来减少皞皞不良情绪的发生与发展。随着一次次的尝试,我发现他喜欢运动项目,如跑酷、平衡车、滑索、篮球、荡秋千。每次活动,他都非常卖力,我及时表扬,通过观察,抓住教育契机,制订计划,让运动疗愈皞皞。皞皞的重复性行为和怪异行为减少了,执行能力和注意力得到了提升,身体的协调性也得到了改善,而这些都是自闭症患者症状缓解的重要指标。记得在一次户外拍球活动中,皞皞表现得很兴奋,但由于协调能力不够,控制不住篮球，急得捶自己的头，接着躺地板上手脚乱动地大哭起来。我抱起他，抚摸着他的后背，以舒缓他的情绪。像这样的场景，开始的一年中，几乎每天都要上演。我身心俱疲，多次想要放弃工作，但专业素养告诉我，不能退缩。随着时间的推移，我和皞皞建立了深厚的情感联结，这样的场景也就随之减少。

皞皞现在每天早上入园，下午做康复训练。家长对融合教育不是很关注，也不是很懂，既不反对也没表示支持，觉着只要能让孩子好就都去上。皞皞妈妈和我沟通时，说皞皞一直以来的康复效果都不是太好，看不到希望，已经想放弃了。

现在，皞皞能够和班级的孩子一起学习，独立入园，自己大小便，帮老师抬矮一点的床，晾晒毛巾，自己画画，跟着一起拍球。那天，皞皞妈妈特意送来一面锦旗。让我最为感动的是皞皞妈妈那个有力的拥抱。作为一个妈妈，我能体会到一个母亲对孩子的那份爱与期许的重量，这对家长和我来说都是一种鼓舞，甚至超过了爱。现在，我和孩子以及家长是朋友了。

就这样日复一日，在我的引导和帮助下，皞皞的性格变得活泼开朗，幼儿园生活充满阳光。我庆幸能陪伴这位"特殊"的小朋友，我将继续用爱心、耐心、细心、责任心去呵护他，同时希望学校能够给我提供一个学习融合教育的平台，为他们的幼儿园生活增添一份光和热，为融合教育添砖加瓦。

对于一所普通幼儿园来说，我们要做的就是以融合的视角接纳和包容每一名儿童，以融合的心态联合更多的专业力量，让更多老师愿意接纳特殊儿童，给予特殊儿童更科学的帮助和爱。

教育是一片生命的绿洲，而我庆幸能在此获得滋养。

用心用力用情，推动共育共响共鸣

江苏徐州经济技术开发区实验学校 孙庆太

徐州经济技术开发区实验学校创办于 2009 年，是一所校园园林化、办学条件现代化、教育质量品质化的九年一贯制学校。我校始终秉承"教育的每一天都是新的"办学理念，在教育主管部门的指导下，努力探索家校共育的新方法，大胆创新，逐渐形成"以学校为主体、以家庭为基础、以社会为依托"的"三结合"教育网络，教育内容日趋规范化，教育方式不断科学化，教育形式进一步多样化，办学水平不断提升，实现了"家校共识、家校共建"的双赢。

一、以"510 工程"探索家校共育的实施路径

"510 工程"是我校家校共育工作的重要经验。所谓"510 工程"，即五大工程、十大行动。五大工程分别是选好 10 本家庭教育读物、组织好十大行动、评选 10 个贡献突出的优秀家长、培养 10 个优秀家庭教育讲师、弘扬 10 个好家训好家风。其中十大行动分别是：每班建立家校沟通微信群、每月安排一次三分钟家庭演讲、每月进行一次尽孝感恩实践活动、每月开展一次亲子社区实践活动、每月与家长共读一本书、每学期举办一次家长开放日活动、每学期举办一届亲子文体活动节、每学期举办一次教子有方经验交流会、

每学期举行一次优秀家长表彰会、每学期举办一次家庭教育培训会。我们的具体做法如下。

自主阅读，提升素养。我校在新家长指导中心配置了相关书籍，如《颜氏家训》《傅雷家书》，陈延斌教授主编的《中国传统家训文献辑刊》，以及家风家训学生读本，供家长阅读。我校还定期邀请家长到校开展"夜读"活动，以省级教材《家长必读》《不输在家庭教育上》系列书籍为抓手，组织家长以多种形式进行自主阅读。同时，各班主任根据班级情况向家长推荐家教名著。

集中培训，转化理念。我校定期组织全校性家庭教育讲座，邀请家庭教育专家对全体家长进行培训。2015年至今，我校陆续开展了300余场讲座、交流会。2018年，我校还承办了第100期、第101期全国家庭教育高峰论坛，大家对家校共育进行了深入探讨。通过此次活动，广大家长意识到陈旧的家庭教育观念已无法适应新时代，需要全面更新家庭教育和家校合作的理念。

经验分享，深化共识。我校定期举行"彭城好爸妈"系列活动，如讲好家风家训故事、生活技巧分享、厨艺大比拼、才艺展示等。我们创造机会让家长走上讲台，充分参与。活动中，家长在挖掘潜质的同时，也提升了亲子关系。每学期，各年级都会组织一次"彭城好爸妈"家庭教育大讨论，邀请家庭教育做得好的家长分享自己是如何在身教言传中做好家风建设的。这种来自身边的经验，更贴近生活，更便于理解和借鉴。

推送新课程，服务新家长。目前，我校已培养了一支高素质的家庭教育讲师队伍，定期为新家长授课，同时通过学校公共信息平台为新家长推送课程。

"510"工程的实施，让家校共育有了可靠的路径。在行动过程中，我们不断通过实践经验将共育推向纵深，让共育经验在学校教育中发挥作用，让家长真正感受共育的价值。我们不断体会到，家校共育是当下教育的必由之路，是推动教育教学水平提升的重要课题，是办人民满意教育的应有之义。

二、以"千师进万家"画好家校社共育同心圆

学校以关爱青少年生命健康的"润心"行动为抓手，深化"一表五清两制"个性化关爱工作，成立千人成长导师团队，定期开展学生心理辅导。"润心"行动是一个长期的系统工程，为此，我们从以下几个方面着力。

筑牢情感纽带。通过举办亲子文体活动节，如亲子阅读、亲子故事大王比赛、亲子运动会等，引导家长注重家庭建设，多关心孩子，不要因快节奏的生活错过了孩子的成长，忽略了对孩子的陪伴。同时，各班根据班级特色组织亲子活动，如亲子做蛋糕、亲子包饺子、亲子游戏、亲子绘画比赛等。通过一系列活动，家长可以多陪伴孩子，陪伴好孩子，做合格家长。

架起沟通桥梁。为了搭建家校有效沟通的桥梁，我校开展了"请进来，走出去"德育入心活动。"请进来"，即邀请家长委员会成员入校参加座谈会，参加"开放日活动"，组织班级家长会。大家敞开心扉，促膝长谈，共同探讨教育的方法。"走出去"，即每学期有计划地对本班学生进行传统家访。老师们走进学生生活，了解学生生活环境和家庭教育模式，与家长形成教育合力，更好地引导学生身心发展。

实施关爱行动。对学生情况进行全面摸排，力争做到"一生一策"，精准帮扶。2022年，我发现一个叫晓珊的孩子很内向，有一定程度的抑郁倾向，不擅长交往，家长老实甚至有点木讷。在走进她的家庭后，我发现她对轮滑特别有兴趣，便向家长建议让晓珊加入轮滑小组。果然，孩子加入轮滑队后，精神状态发生了很大转变，

也在训练中学会了团队合作、沟通交流，打开了心结。集体活动让她增长了自信，发展了友谊，兴致勃勃地和这个世界交流。

2023年暑期，学校全面启动"千师进万家"全覆盖入户家访活动，努力使家访成为每一个孩子的期待。家访前，教师做好做足准备，摸排好情况，设计好问题。特别是精准排查五类需要特殊关爱的学生，个别特殊学生提前和社区联系，填写好"学生基本情况登记表""个性化关爱学生登记表""关爱帮扶活动记录表"，提高家访实效。家访时，围绕"宣传教育政策、传播家教知识、通报学校情况、激励孩子成长"四大任务，家校双方一起学政策、讲道理、拉家常，找准孩子的特长与优点，用赏识和鼓励激发孩子向善向美之心，用谆谆善诱和谐家校关系，获得家长对学校教育的理解与支持。家访后，分类完善家访活动资料，反馈家访效果。

"千师进万家"让关爱孩子落到了实处。孩子们感受到家访带来的温暖与关怀，家长体会到学校对孩子的帮助，从而形成教育合力，共同促进孩子健康成长。这就是我们家访行动的目标。

让"共写家书"成为融通亲子关系的重要方式。"烽火连三月，家书抵万金。"家书，是中国人刻在骨子里的情结。对于孩子和家长而言，一封家书，是亲情沟通中的一扇窗户。

在这里，我想向大家分享一段亲身经历。还记得，我家小伙子上初中时候，和发小发生了冲突，竟然不来往了。我和他交流了几次，一提到发小，孩子情绪就很激动。第一次，我给孩子写了封家书，那真是激动的心，颤动的手。我是这样写的："在人生的路上，很少能有朋友陪你一直走。但是你要明白，朋友容易的是分离，不容易的是相伴。化解和朋友的矛盾，是对你人生智慧的考验，也是你成长的必由之路。"没想到，一封家书真的化解了一段矛盾。两个孩子互相谅解、言和，又成了铁杆兄弟。多年之后，我家小伙子和我说，每当遇到困难时，他总会拿出那封家书看看。待在宿舍时，拿出以前的家书看一看，给自己提提气，感觉就能量满满了！

共写家书，是教师参与下的亲子互动。共写家书，从孩子开始，让稚嫩的儿童学会和家长对话，说一说最想说却没有说出口的话。这需要教师的指导、启发，需要教师走进孩子的心灵。家长的回信，更是一次对家长教育观念的洗礼，是教师和家长合力完成的一次教育实践。

孩子是世间最大的财富，是希望，是未来。徐州经济技术开发区实验学校以合作共情、共育共鸣为方向，搭建沟通的桥梁，牵住千千万万爱孩子的手，托举孩子们走向辽阔诗意的星辰大海，走向属于他们的美好的未来。

我们班的"神仙"家长

江苏徐州经济技术开发区实验学校　厉宇

2017年9月至2022年6月，在这5年里，我很幸运，遇见了一群"神仙"般的家长！在家校共育、双向奔赴下，我们一起过着幸福完整的教育生活。

一、缔造完美教室

5年来，每学期开学前的几个晚上，我们班的灯总是校园里最晚关上的，家长们自发分工，忙碌起来。地面上留下的陈年痕迹，夏伯元妈妈蹲在地上，一手拿着钢丝球，一手拿着抹布，用力反反复复地擦拭着，就连板凳脚上的脏痕也不放过。有一次，夏伯元妈妈的手被划破了一道很深的口子，但当时她并没有提及此事。后来，她接孩子放学时，我问起手上的创可贴，旁边的孩子才说出了事情的原委。可就算这样，那天打扫完地面后，她仍然带着儿子，把一张张沉重的桌子一点点拉到窗台前，并在上面放上凳子，娘俩一人扶着凳子，一人吃力地爬上桌子，然后再小心翼翼地踩在凳子上，把教室里的四个大窗帘拆卸下来，抱回家进行了清洗。什么是"神仙"家长？我想，这就是！

走进教室，除了干净的地面，精美的黑板报更是让人印象深刻——李依诺妈妈作为一名幼儿教师，开学这两天的工作其实特别忙碌，但即便这样，她依然带领班级里的孩子们和家长一起精心设计出一幅又一幅让人赏心悦目的黑板报。

除了这些，更让人温暖的是，他们真的时时刻刻想着我们的班级——贴上桌角，让凌乱的桌子整齐起来；戴上帽子、摆上坐垫，让冬日里的小可爱们暖了起来；开学时，黑板上的棒棒糖、桌子上的饮料、书籍上的红丝带，营造了浓浓的仪式感；一本本图书、一个个设计，就连家里的鞋盒也成了教室里的书架！

最暖心的还要数2022年5月。孩子们需要经常做核酸检测，为减轻这种焦虑感，"神仙"家长们竟然送来了棒棒糖，让我为孩子们做了一次甜蜜版核酸检测！

如果说这间教室干净、整洁，充满爱，那一定是因为我们有一群"神仙"般的家长——他们字字不提爱，却事事藏着对班级的爱。因为他们的种种付出，我也真切地感受到在教育这条路上，与其说是与孩子同行，不如说是与家长相依相伴、相互鼓励。因为这份齐心协力，孩子们才能有更多的机会聆听窗外的声音！

二、聆听窗外声音

徐州是汉文化发源地，为了让孩子们更好地了解汉文化，家长们组织了一场综合实践活动：先是利用中午时间轮流进班和孩子们共读关于汉文化的书籍，接着带领孩子们去参观龟山汉墓。组织一次班级的外出活动可不是这么简单！参观时，一个孩子突然感觉浑身无力，额头发烫，我们判断应该是发烧了。因为身在景区，不好打车，一时又联系不上孩子的家长，这种情况下，我们班张家荣的妈妈二话不说，丢下自己的孩子，背上这个生病的小孩，一路小跑到景区外一公里左右的地方才打到车，第一时间将孩子送到了医院。后来谈起这件事，她总是笑笑，说："厉老师，我们应该做的，您别老提，我都不好意思了！"很遗憾，因为情况紧急，没能留下当时的照片，但这份爱却深深留在了这个生病孩子的心里。多年后，孩子的作文里还经常出现阿姨帮助自己的身影。其实，这项活动中最让人动容的是，结束后，家长又组织学生对此次活动进行梳理，制作了各式各样的展板，让孩子们学会有意义地玩。

除此之外，班级家委会还会定期带着孩子们走进社会，体验摆摊生活。听——"快来购买！图书两元一本，三元两本！"一声声吆喝声，别提多有意思了！也是在这样一声声的吆喝声中，我们收获了许多惊喜。比如，班级里的张书豪同学，生性腼腆，每次合照都不愿参与进来。后来因为这个活动，他渐渐开朗起来，不仅主动参与到拍照中，还时常提醒老师用照片记录精彩生活。

每逢秋日，这些"神仙"家长还会组织孩子们与秋天来一场"约会"。一幅幅稚嫩的树叶画，一张张甜美的小笑脸，为萧瑟的秋季增添了一抹彩色。难能可贵的是，这样的活动一做就是5年，陪孩子们从稚嫩走向成熟！

如果说孩子们身上有热爱自然、乐于探索、自信大方这些美好品质，那一定离不开这些家长用心组织的一次又一次的实践活动！

遇到这些"神仙"家长是我的荣幸，因为他们的支持和鼓励，我与孩子们的教育生活才能如此幸福、完整。回忆至此，我愈发觉得教育不是老师一个人的舞台，而是和家长站在一起，步调一致，共育花开！

后 记

2023年7月8日至9日,2023年新教育实验研讨会在江苏徐州召开。本次会议由中国陶行知研究会新教育分会主办,徐州市教育局、苏州市新教育研究院、未来知名(北京)教育科技有限公司承办。中国陶行知研究会会长、新教育实验发起人朱永新,江苏省政协副主席王昊,徐州市委副书记、市长王剑锋,中国陶行知研究会常务副会长、秘书长陈洛,徐州市政协主席王强,江苏省教育厅副厅长杨树兵,徐州市副市长吴昊等出席开幕式。来自全国各地的新教育实验专家、实验区域教育局负责人、校长代表、种子教师、淮海经济区十市教育行政部门负责人等共计1300余人在主会场参加开幕式。开幕式由中国陶行知研究会副会长卢志文主持,线上同步直播,累计观看人数突破35万人次。

朱永新教授在致辞中对徐州从2021年整体加入新教育实验以来取得的成绩给予了充分肯定。他指出:徐州区域推进新教育的力度大、举措实、变化快,以只争朝夕的拼劲、锲而不舍的韧劲和敢为人先的闯劲,书写了具有鲜明个性的徐州新教育故事,改变了区域教育发展生态。希望徐州教育人以打赢淮海战役的精神,创造教育的新辉煌,继续书写属于徐州的教育传奇。

徐州市教育局局长石启红以"以新教育实验推动徐州教育高质量发展"为题作区域行动叙事。她从"坚持优质均衡,夯实新教育实验的基础""坚持融合推进,拓宽新教育实验的路径""坚持特色发展,创生新教育实验的样态"等方面分享了徐州开展新教育实验的经验。来自徐州各地的 14 名教师、家长和学生进行了叙事分享，共同呈现了徐州市在新教育实验道路上的丰硕成果。

苏州市新教育研究院在会上进行了专业引领。陈雨鑫、王洪娟、张春燕、蒋国英、茅雅琳、陈卫华、赵欣、高姗姗、郭文丽、张勇、叶玉林等 11 位教师围绕"培养卓越口才"，从不同角度、不同层面进行叙事，分享了他们的实践探索和研究成果。苏州市新教育研究院院长李镇西、美国麻州大学波士顿分校教育领导学系系主任严文蕃教授分别对教师们的叙事进行点评。

中国陶行知研究会新教育分会理事长许新海作《以口才塑造人才——新教育实验"培养卓越口才"的理论与实践》年会主报告。报告既有系统的专业理论，又有丰富的实践案例，厘清了口语、口才与培养卓越口才的概念，阐明了培养卓越口才的意义与价值，提出了培养卓越口才的路径与策略。报告最后，许新海代表新教育共同体发布了《徐州宣言》，勉励新教育人积极探寻成就幸福人生的"说话之道"。

与会代表分成 7 组，分别到徐州市新教育学校、徐州经济技术开发区实验学校等 14 所学校进行新教育实验现场考察，各校的特色课程和精彩展示给来宾留下了深刻的印象。

本次年会主报告是新教育团队协同攻关的成果。朱永新教授亲自主持了主报告研制工作。苏州市新教育研究院和苏州大学新教育研究院分别组织起草团队，苏州市新教育研究院副院长李庆明先生和我承担了终稿的起草，中国陶行知研究会新教育分会理事长许新海参与审稿，最后由朱永新教授审核、定稿。

在本书付印之际，对参与本书资料收集和书稿整理、编辑、校对的所有新教育同仁，对华东师范大学出版社李永梅社长和程晓云老师等，对参与组织2023年会的所有新教育同仁，对多年来关心支持新教育实验发展的所有领导、朋友，一并表示诚挚的感谢！

许卫国

2024年2月8日